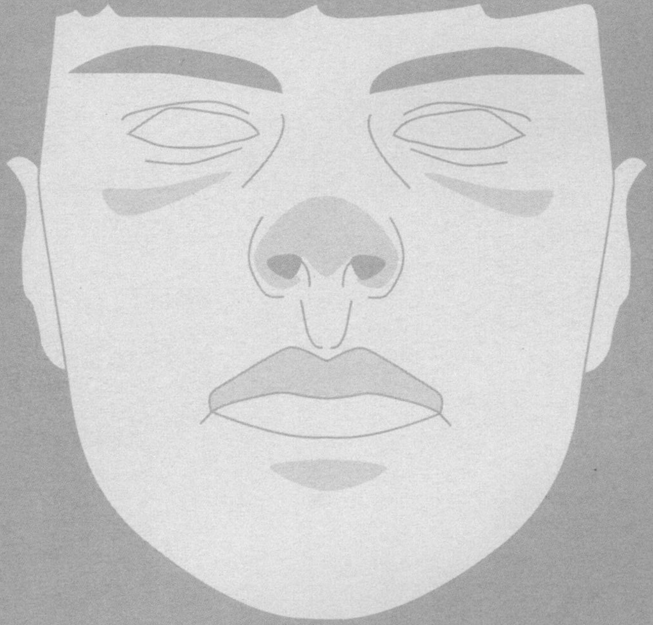

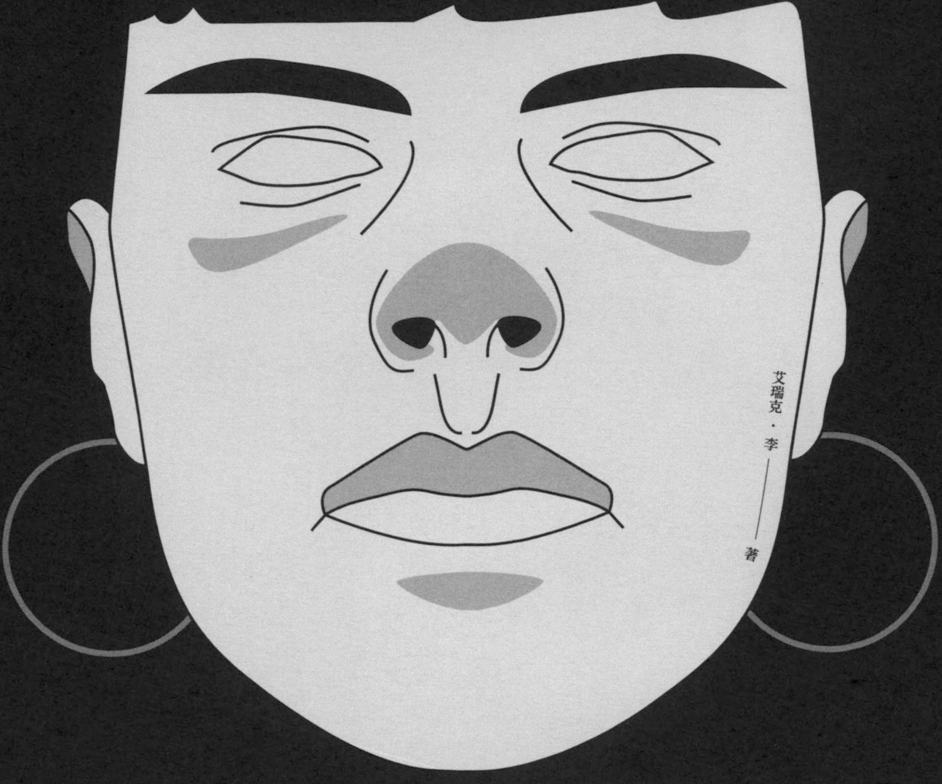

艾瑞克・李——著

ANTI-BRAIN WASHING

反洗腦

自願為奴的真相

目次　Contents

自序

人，唯一應支配的，也只能應支配的是他自己

人腦可以像橡皮泥一樣被任意塑造嗎？什麼樣的環境和條件可以讓一個人變得不假思索就認同他人？人腦真的能夠被擦除然後植入新的思想嗎？你確定「你以為的」就是「你以為的」嗎？到底哪一個才是真正的我？洗腦有哪些常用的手段？可以有效地防止被洗腦嗎？

所謂洗腦就是利用外部影響力，向別人灌輸異於一般價值觀的特殊思想，以符合操縱者的意願。從本質上來講，洗腦就是將一種理論植入他人頭腦的過程，所以不管其如何變化，都具有以下幾個特點：第一，排他性。只承認一種理論絕對正確；第二，循環論證。從一個簡單的真理開始，循環論證；第三，利益承諾。誇大信奉某種理論能帶來巨大的收益——無論是財富、名譽或者地位——人的這道心理防線一旦被打開一個小缺口，欲望就會難以抑制，不由自主地接收他人資訊；第四，咒語化。把觀點簡化成口號化的句式；第五，儀式化。儀式可以把一些抽象的思想

具象化、便於形成圖騰崇拜，而且儀式的莊嚴感能夠給受洗物件形成服從的壓力；第六，重複性。反復灌輸一個道理。但這些只是洗腦的初級表現形式，洗腦的最高境界是運用「隱秘說服詞彙」和「催眠語言模式」，在不知不覺中入侵他人的內心，讓被施洗者心悅誠服地接受他的觀點、意見、提議以及任何請求，心甘情願地為他的想法買單。

洗腦的淵源由來已久，從古希臘的柏拉圖，到文藝復興時期的馬基維利，乃至後來的黑格爾，都主張一元論和國家主義至上論，為洗腦主義站隊。柏拉圖最早提出，統一理想國內人民的一切文化活動，禁止一切非正統的思想言行是哲人王的主要使命和責任。他在《理想國》中最早描述了以正義觀和人治觀為基礎的哲人王統治。按照柏拉圖的觀點，作為統治根據的神話只有一種解釋；不敬神者必須受到嚴懲，「他們必須放棄他們現有的習慣，贊成敬神的生活」，這乃是「一條普遍的法律」（《法律篇》），這為後來的統治者們和中世紀的神學提供了法哲學基礎，經過馬基雅維利、霍布斯、黑格爾等人的發展，最終在希特勒、戈培爾等人的手裡演繹到極致，其手段之殘忍令人髮指，其罪惡之深重罄竹難書。

那麼，為什麼洗腦是可行的呢？研究者歷來層出不窮，但直到最近一百年，科學家們才真正開始瞭解洗腦的運作機理。俄國的生物學家巴甫洛夫在對狗的研究中發現，餵狗食物之前先敲幾下鈴鐺，這樣就在「鈴聲——唾液」之間建立了關聯，反復刺激後，一聽到鈴聲，即便沒有食物，狗也會自動分泌出唾液，這就是「條件反射」。既然動物經過訓練，可以形成不經大腦控制自動產生的反應，那麼，如果把實驗物件換成人呢？答案不言自明。

二〇一四年十月，諾貝爾生理學獎揭曉，獲得者是挪威的認知心理學家邁布里特·莫澤和愛德華·莫澤以及英國的神經科學家約翰·奧基夫。他們共同獲獎的原因是解決了困擾我們數百年的難題：大腦到底是如何創造出周圍的空間地圖，而我們又是如何在複雜的環境中進行導向的？其中，約翰·奧基夫的研究發現，在大腦中有一個名叫「海馬體」的區域，存著一種特殊的神經細胞，當實驗小白鼠在房間內的某一特定位置時，細胞群的某部分總顯示啟動狀態。奧基夫認為這些「位置細胞」，構成了小鼠對所在房間的地圖。這項發現揭示了記憶的秘密，為醫學上治療某些疾病——即通過操縱記憶來治療阿茲海默症提供了新的可能，但如果這被用來洗腦呢？是不是可以進化為一種更便捷的洗腦術？

一旦我們瞭解了洗腦的原理、手段和其背後隱藏的科學，我們就能從本質上瞭解洗腦的真相，對洗腦術進行分辨。思維既然能夠被重塑植入，那麼也能夠對其做出積極有效的改變。現在，我們知道了如何調整思維和習慣，讓一個人避免陷入謊言的陷阱；我們也清楚，儘管高級洗腦術令人防不勝防，但也並非無懈可擊，因為我們知道了如何去做。

大哲人盧梭說：「人生而自由，卻無往不在枷鎖之中。」但是「人們有時可以支配他們自己的命運。要是我們受制於人，親愛的勃魯托斯，那錯處並不在我們的命運，而在我們自己」（威廉・莎士比亞《裘里斯・凱撒》），除非有人自願奴役。

人，唯一應支配的，也只能支配的是他自己。

引言／從希特勒的「洗腦師」戈培爾說起

「二戰」、「德國法西斯」、「納粹黨」、「迫害猶太人」……提起這些詞語，你的腦子中一定會立即迸發出一個人的名字——阿道夫．希特勒，他就是第二次世界大戰中最大的魔頭。

但，你也許沒有想到，僅憑希特勒一個人是無法犯下如此滔天大罪，他的幕後隱藏著一位「搖鵝毛扇」的幫兇——保羅．約瑟夫．戈培爾，納粹黨宣傳部部長，他的「喉舌」成就了希特勒的陰謀。

「戈培爾博士帶有言辭和才智兩件禮物，沒有這些禮物，柏林的局勢就無法控制……對戈培爾博士來說，他用充滿真情實感的言辭贏得了柏林。」這是一九四二年希特勒在回憶戈培爾時所說的一段話。希特勒的口吻之所以如此深情、真誠，因為在他建立的龐大帝國中，戈培爾的「喉舌」的力量可以抵得上他的六十個精銳師！那麼，作為納粹戰爭的宣傳部長，戈培爾是以何種言辭建立了強大的媒體帝國，他的真情實感中又隱藏著哪些機密呢？

在為希特勒服務的生涯中，「控制思想」是戈培爾的工作重心。他一貫強調大眾傳媒只能是納粹黨的工具，它們的唯一任務就是向民眾宣傳納粹黨的政策和措施，即用納粹主義來改造德國人民，用德國人民的支持促成納粹戰爭的勝利。所以，戈培爾堂而皇之地對美術、音樂、戲劇、文學、新聞、電影等媒體內容進行了封殺和控制。

戈培爾曾說：「灌輸黨的學說比生產重要。」在宣傳這些思想時，他的言辭太動聽和精闢了，以致人們都接受了這種思想。一九三三年五月十日，新上任的德國國民教育與宣傳部長戈培爾面對德國柏林菩提樹下大街廣場上「焚書」的熊熊烈火義正詞嚴地說：「在這火光下，不僅是宣告一個舊時代的結束，它還照亮了一個新時代！」這是多麼具有煽情意味的演講！

幾千萬的德國人欣賞什麼樣的美術作品，閱讀什麼樣的文學作品，觀看什麼樣的戲劇、電影，收聽到什麼樣的廣播；什麼新聞該發佈、什麼新聞要扣下、什麼新聞稿怎麼擬標題、什麼運動應該取消、什麼運動必須開展；所有的民眾都必須集體聽廣播，餐廳、咖啡館、客廳裡聽到的聲音全都一樣……這一切都是在經過戈培爾嚴密的審查和監視的情況下發生的。決定這一切的標準都要看內容是否利於納粹黨的事業，是否「健康向上」。更重要的是，所有的民眾也都必須嚴格遵守和服從這樣的決策和規範，否則就會受到既定的制裁。

儘管戈培爾剝奪了德國人民的知情權，令人驚奇的是，他的諸多舉措和言論頗受人民愛戴。為了更好地進行愚民政策，戈培爾曾理直氣壯地告訴民眾：「如果真實地公開披露一些納粹黨的消息，將會損害國家的威望和利益，因為這會為英法等西方國家提供攻擊德國的證據。」這對於那些具有愛國主義的民眾來說，是十分能夠理解和接受的。因為對納粹黨的抨擊就是對德國的抨擊，從情感上來說，他們是不允許自己國家的利益受到損失。所以，他們會堅定不移地忠於戈培爾。美國著名的駐外特派記者、新聞分析員、世界現代史學家夏伊勒曾在日記裡記錄過這樣一件事情：一天，一位德國母親接到官方的通知，她的身為飛行員的兒子在戰爭中失蹤了，目前確認已經死亡。但是，在之後的幾天，英國廣播公司公佈的德國戰俘名單裡有她的兒子。兒子的八個朋友和一些熟人得知這個消息後都寫信告訴這位「喪子」的母親。但是，這位愛國的母親向官方揭發了這些人，原因是他們偷聽敵臺，這些人也全都被捕。這就是在戈培爾的「喉舌」下培養出來的德國民眾的「政治覺悟」。

還有，戈培爾的宣傳手段中還有一個極其致命的舉措，那就是：「謊言重複一千遍，也不會成為真理，但謊言如果重複一千遍而又不許別人戳穿，多數人就會把它當成真理……」在戈培爾統治下的媒體帝國中，謊言的陷阱比比皆是，但他利用各種手段將這些謊言變成了「真理」。他的策略就是：「即使是一個簡單的謊話，一旦你開始說了，就要說到底。」

再來看看，足智多謀的戈培爾的「喉舌」中還有哪些說服技巧？

社會規範的力量：「我們信仰什麼，這無關緊要，重要的是只要我們有信仰。」這一點也不錯，只要人們的心裡存在著信仰，就會對其信條矢志不渝，而為納粹服務就可以成為德國民眾唯一的信仰；

角色扮演和語言力量：「我們的宣傳物件是普通老百姓，所以宣傳論點的語氣須粗獷、清晰和有力。」很顯然，戈培爾認清了民眾在社會中的地位和作用，從而實施了適合大眾口味的手段；

效度效應的力量：「宣傳的基本原則就是不斷重複有效論點，謊言要一再傳播並裝扮得令人相信。」

謊言重複到足夠多的次數後就會對大眾產生一種認識錯覺，而人們的這種錯覺恰恰會形成「謊言就是真理」的認識。

正是如此，戈培爾運用了這些有悖於常規的說服術，讓那些民眾和士兵心甘情願地為納粹服務。當然，在戈培爾一系列的說服技巧中，他還不同程度地摻雜了強迫、語言技巧、肢體動作以及一些隱秘的說服手段。總之，戈培爾的目標就是用一切手段讓民眾服從他，更確切地說是服從最高統帥希特勒指揮下的納粹黨。戈培爾之所以能說服如此多的人，並激發出他們如此大的熱情，正是因為他徹底看透了人類的本性，掌控了人的心理，抓住了人性的弱點。

以上之所以長篇大段地介紹戈培爾，是因為他的確是一位交際上的精英，他的說服技巧幾乎能囊括本書涉及的一切手段。另外還有一個原因，說服技巧本身就是要融入到一個具體的情境當中，而非一對一的直接式的對答，即只有詳細地瞭解戈培爾所處的環境，才能深入地認識到他的說服技巧的高明。在以上介紹的說服技巧中，基本上只涉及了本書第一章和第二章中的內容。這並非對以下章節的忽視，而是前兩章所講的更多的是一種心理上的說服技巧，理論性較強，以下章節的內容則更多的是強調一種技巧性，讀者理解起來比較容易，故不多言。

好了，親愛的讀者，開始閱讀本書吧，希望你們能從中有所收穫，這將是為本書付出努力的人最大的欣慰。

之一

洗腦原理

Mind
Control
Theory

你是否有過這樣的經歷？

你即使身居高位，也要准許一些看似普通得不能再普通的規矩：

你會為了自己的孩子、父母、朋友做出無怨無悔的努力；

你會毫無疑問地買下專家推薦的產品；

你總會買回一些一年到頭都用不到的東西，總會訂閱——大批毫無意義的雜誌；

究竟是哪些因素影響了我們的決策，使我們如此心甘情願地服從安排？社會心理學認為，這些對某種情境或規範的服從主要緣於四種因素——

社會規範、角色扮演、權威認同和從眾心理。

第一章
服從的秘密

「輸入信仰，並讓他們成為教徒。」

這便是讓他服從你的秘密。對大多數人來說，說服對方，讓對方心甘情願地服從你的安排，這是比較高級的一種洗腦。洗腦的一種方式，就是讓窮人變得更窮，讓有志於成功的人，變得更加聽話。事實上，在團隊或者公司中，管理也需要洗腦，它不再是一種強制性的馭人手段，而是一種凝聚力、行動力和自覺意識。

一、社會規範

- 你能在捷運裡盡情地唱歌、喧嘩？就像在ＫＴＶ和自己家裡一樣嗎？
- 你在街上看到一個不順眼的人時，能上前去揍他一頓嗎？
- 你會在同事沒有允許的情況下隨便使用他的筆記型電腦嗎？
- 你可以任意在公共場合裸露身體或私處嗎？

這些都不可以，這就是社會規範。

人人都要服從的生活準則

「我們都是社會關係網中被束縛的脆弱生物。」社會心理學家史丹利·米爾格萊姆如是說，他所說的束縛指的是社會規範，即我們應該如何指導自己行為的準則，如果違反就會受到相應的懲罰，如果服從就會受到獎賞。

社會規範是人們生活的準則，具有廣泛的覆蓋性，所有人的求職升遷、結婚生子、禮儀社交、運動娛樂等都逃脫不了普遍規範的約束。社會規範可以使我們有預見地、有秩序地與他人相互作用，從而達到更和諧的生活。否則，那些離奇、偏執的思想和行為將會被認為是異類，或者會受到社會的鄙視和懲罰。正如美國作家和新聞評論家沃爾特·李普曼所說的：「在人人想法都差不多的地方，沒人會想得太多。」即在社會規範面前，你不需要去考慮得太多；在社會規範面前，你不需要做出一些違背約定俗成的規則。

在社會規範中，大體上包括兩個方面，即外顯的法律法規和內隱的文化習俗。這兩種都要求人們遵守，但具備不一樣的服從效應。法律法規是約束人的行為規範，具有必須服從性和不可抗拒性，否則就會受到實質上的懲罰；內隱的文化習俗則更多地偏向道德和遺傳上的服從，不具備強制性，卻有一種約定俗成的效應，若是違背了，一般不會受到強制性的制裁，而會受到道德層面上的譴責。

外顯和內隱的準則

隨著社會的發展，人們的素質普遍提高，法律的普及也越來越廣，必須服從的法律法規已經成為大家都會自覺地去遵守的準則，有著普遍和強硬的約束手段。

二戰期間，德國當局把不能報導也不能評論的指令當成黨國的秘密，按照《刑法典》的規定：「洩露國家機密者，處死刑……以洩露為目的，而著手取得國家機密者，處死刑或無期重懲役」。這就是一種強硬的、必須服從的法規。在德國《波森日報》工作的一位職員偶爾把戈培爾每天向新聞界下達的一份密令副本洩露給了外國記者，結果被判了死刑。

儘管《刑法典》具有極其不合理性和強迫服從的性質，但所有的德國民眾還必須服從，否則就會帶來應有的、明確的懲罰。而需要大家去遵守的外顯的法律法規的界限也比較清晰、明顯，大家甚至只是機械性地去遵守，並不需要得到太多的解釋。所以，下文將著重介紹一下我們必須服從的內隱的文化習俗。

文化習俗作為一種必須服從的法則，它具有內隱的特徵，不需要採取強制性手段，大家都具備服從的心理傾向，即一個人或群體對自己國家、民族、群體的一些特定禮儀的理性認同和感情認同。比如，在有些國家，人們問候陌生人時一般不握手，中國的滿族人是不會吃狗肉的；在西方國家，中產階級普遍相信個體應該對他們自身的行為負責，而在中國、日本、韓國，人們要比西方國家的人具有更高的集體主義傾向。在這些約定俗成的規則中，大家對其服從是一種理所應當的事情，具有普遍的社會同一性和民族同一性。相反，有人若是不遵守或違背了這些禮儀習俗，將會受到指責和自責。

有一位法國人，曾經在一家美國人開辦的公司工作。一天，新來的美國經理要求這名法國工人必須在三個月之內提高銷售額度。面對這樣強效的命令，這位法國工人並沒服從，一氣之下就離開了這個公司。但是，他並非孤身一人離開這裡的，而是帶走了他的所有顧客。

這其實不是法國工人的錯，而是國家文化上的差異造成的。你的看法也恰恰證明不同民族之間觀念的差異。在法國，發展客戶需要多年的時間，尤其是家族式企業，他們的客戶資源會持續好多代。法國工人認為，自己根本不需要在和一位認為在三個月內就可以贏得忠實客戶的美國公司裡浪費時間。這種觀念與美國的文化正好相悖，美國人需要快速、直接的經濟效益，他們會認為這個法國工人的辭職是因為他的懶惰、不忠誠，所以才偷走了公司的客戶。

當然，這樣的案例只是民族文化中普遍存在的思維和觀念，人們會主動去遵從。但是，觀念浮動的彈性會比較大，不具備不可更改性，比如一個人在新的環境中就可以被重新塑造。還有一種文化現象屬於特定的民族禮節，類似於本民族區域內的法律。違背了它，可能不會受到實質性的懲罰，但具有不可更改性，並非在一定時間內或多麼強大的人物和力量對幾個或一群人進行感染、教化就能改變。

比爾．蓋茲，微軟公司的董事長，富可敵國，有很強的人格魅力和個性，但這並不意味著他能改變一切，確切地說能改變一些普通老百姓的生活方式。在下面的這件事情上，他的員工就用不可更改的文化習俗將他說服了。二〇〇八年年初，比爾．蓋茲即將要來中國訪問，時間定在二月八日。不巧的是，這一天正是中國的傳統節日——春節的大年初二。這個時候，公司員工都會放假，回家歡度春節，若是比爾·蓋茲那時來中國，將會有很多事情難以處理。

這件事可急壞了微軟公司的中國總裁的唐駿，情急之下他就給比爾·蓋茲打了一個電話：「蓋茲先生，很抱歉給您打這個電話，恐怕您要改變訪問中國的時間了，因為您的行程和中國的農曆新年相衝突，這樣會帶來很多不便。」比爾·蓋茲聽後大怒，就對唐駿說：「唐駿，你要知道，我的行程是秘書在一年之前就定好的，這個計畫不可以改變！」唐駿沉默了一下，之後平靜地對比爾·蓋茲說：「還是很抱歉蓋茲先生，我尊重您的決定，也知道您的存取時間是在一年前就安排好的，不幸的是，我們中國的農曆新年是在五千年前就安排好的。」

比爾·蓋茲被震懾住了，他是一個美國人，而美國是個只有二百餘年歷史的國家。最終，比爾·蓋茲不得不決定改變自己的行程。

在此，比爾·蓋茲之所以能放下架子，同意變更自己的行程，就是因為他被中國文化的莊重感震撼了，這是一個不管多麼有氣場的人也無法改變得了的決定。他服從的不是唐駿的建議，而是一種文化力量。

二、角色扮演

- 如果一個年輕人不出去工作，而讓自己年邁的父母在外奔波，他難免會受到社會道德的譴責。
- 如果一個下屬對自己的上司指手畫腳，那麼，這個下屬可能會面臨被炒魷魚的可能。
- 如果丈夫對妻子說自己在家養育孩子，讓妻子出去掙錢，這將會被認為是一件無比荒唐的事情。
- 如果一對父母身體健康、財力充足，卻不撫養自己未成年的孩子，不提供孩子上學的費用，這將是一件違法的事情。

你不能抗拒的角色規範

在任何一種社會體制中，每一個人在不同的年齡和情境中都扮演著不同的角色（roles），即面對不同的人應該做出相對應的舉動，這樣才能使人人和平相處，社會和諧發展。比如：

對於男人和女人來說，性別角色規定了什麼是適宜的行為，什麼是禁止的行為；

對於上司和下屬、醫生和病人、老師和學生，身份角色規定了什麼是恰當的行為，什麼是不合禮儀的行為；

社會角色規定了商人和知識份子、藍領和白領、軍人和民眾、出家人和一般人之間的道德準則和社會要求；

年齡角色規定了嬰兒、少年、青年、壯年、中年、老年的社會分工和行為準則；

家庭角色規定了老人與子女、丈夫與妻子、父母與孩子之間的生活準則、家庭責任；

以上種種角色都有特定的要求，應該被滿足和服從，否則就會帶來相對應的情緒上的、經濟上的、職業上的懲罰。這是一種硬性的、無形的、必須服從的社會規範。當任何一個人違反他所扮演的角色準則時，作為個體就會感覺到不自在，即使自身不會這樣，別人也會設法使他受到相應的反擊。

例如，在華人古代傳統的家庭角色中，妻子、丈夫、兒子、公婆、父母之間扮演的家庭角色是有嚴格的級別規範。以妻子為例，她必須做好自己的本職工作——相夫教子。她在家庭中的角色被規範或被奴役為一種狹隘的服從和強制的遵守，即必須遵從「三從四德」的禮儀。倘若妻子不小心違背了丈夫、公婆的意願，內心會產生恐懼和內疚，不敢去面對他們。退一步，即使妻子沒有產生如此心理活動，她也會遭到丈夫和公婆的譴責和辱罵，甚至是社會上的壓力。這就是角色扮演在社會生存中的規範，在特定的時間和空間內有著不可抗拒的力量，是一種潛在的、隱含的、強大的力量。

我們的社會就是一個大舞臺，「生、旦、淨、末、丑」，每個人都在扮演著不同的角色，每個人都要遵循特定的角色規範，否則，就演繹不出一場精彩的節目。在現實生活中，人們基於對社會和他人的期望，在以不同的角色來參加社會活動時，就會引起不同的心理活動和行為變化，即產生角色效應。

美國第三十五任總統甘迺迪總統在其就職演講中說：「親愛的同胞們，不要問你們的國家能為你們做些什麼，而要問你們能為國家做些什麼。全世界的公民們，不要問美國願為你們做些什麼，而應該問我們在一起能為人類的自由做些什麼。」

這是一段極具震撼的話，就表達出了個體角色與整個社會的關係，個人與國家，甚至是個人與整個人類之間息息相關的關係。甘迺迪的話之所以能扣人心弦，能在民眾的心裡，甚至是全世界的人心裡產生共鳴，是因為它激起了個體角色在社會生活中最本真的意義，即產生了角色效應。一個角色效應的產生需要經歷三個過程：第一是社會對角色的期待；第二是對自身扮演的角色的認知；第三是在對角色期望和認知的基礎上，通過具體的角色規範來實現這一期望和認知的行為。以孩子為例，學習好的學生從小就被家長和社會認為是好孩子，是大器之才，而在孩子自身的成長過程中，會對自己在社會中扮演的角色產生一種觀望和疑惑的態度，到其真正步入社會後，有了一定的實踐之後，就會對自身的角色有一個新的定位和認識。

答布效應：誰來導演我們的角色？

在社會關係網中，每個人都會扮演著一定的角色，我們也會不自覺地服從和履行著一些規則，那麼，是誰在真正導演著我們所扮演的角色？

這個答案似乎要回溯到原始社會，在那時，沒有宗教、道德、法律、倫理，人們就會服從一種稱之為「答布」的傳統習慣和禁律，後來的史學家們就將「答布」稱之為「法律誕生前的公共的規範」。這就是當時的一種生活規範。

那麼，原始社會為什麼會產生「答布」呢，它又是怎樣的？社會心理學家分析，這是因為原始社會的科學文化水準非常落後，人們在具體的實踐活動中就會碰到一些奇異現象和淫穢事物，對此又無法解釋，所以在心理上就會對此產生距離和抵抗力。人們會普遍認為，如果誰要是觸犯這些就會蒙受災害，就會產生躲避、敬畏、恐懼等消極心理狀態，久而久之就形成了一種規範，即「答布」。對於現代社會的人來說，其角色的規範已經逃離了「答布」，但答布效應並沒有消失，會在任何一種社會體制和個體角色中存在。總而言之，在任何時候，人們都不可能逃離角色規範對角色行為的導演作用。

角色規範就是上一節講到的社會規範，包括法律、法規、政策、守則條文，以及廣義地存在於人腦中的不成文的風俗習慣和道德觀念。它們的總和就是社會的總導演，是社會角色的總指揮，其大致可分為幾個方面：

1. 正式的法律法規。

2. 非正式規範的生活習慣及禮儀。

3. 社會團體的章程和制度。

4. 參考規範和榜樣，即角色個體理想的參考標準。

5. 地區性的、民族性的風俗習慣。

以上的五條規範就是角色扮演者在特定生活中必須遵守的標準，也可以說，這五種規範會對社會中的大多數角色扮演者產生答布效應。答布效應要求我們一方面去遵守社會規範，另一方面也要適應在不同角色扮演中的轉換。

假如你是一位知識份子，是一位年輕的丈夫，但是，你突然晉升為公司的主管，那麼，你就要用主管的準則去要求自己，這樣才能勝任自己的工作，才能在下屬面前樹立權威；而你又突然做了爸爸，那麼，你就要在自己的角色扮演中添加進爸爸的角色，就要考慮如何支配孩子的哺育經費，如何促進孩子的心理發展，如何管理孩子的教育等。這些規範都得去服從，否則就不是一個合格的主管和爸爸。

角色規範似乎就是一種責任在驅使著其角色扮演者必須付出行動，但是，這並非個人角色行為驅使力的全部，人還有一種內在的對於自身角色服從的潛力。這個結論源於另一個聞名於世的研究——史丹佛監獄研究。這項研究的主持者是美國心理學家菲力浦．津巴多和心理學家克雷格．黑尼。

兩位主持者在史丹佛大學的地下室裡佈置了許多小單間的監獄，並準備了看守制服、警棍等監獄必須物品。他們把二十四位學生志願者隨機分為犯人和看守者，然後讓他們在這裡進行為期一周的「監獄生活」。

結果，這些本來單純、斯文的學生轉化角色後，發生了迅速且驚人的改變。在很短的時間內，他們都很快地學會了適應自己的角色。剛開始，「犯人」就出現了痛苦、無奈、恐慌、冷淡、反叛的情緒，甚至是生理失調。而「看守者」喜歡上了自己新的角色和權力，有的人表現得很友善，會主動幫助「犯人」，而有的人嚴格執行「監獄」的規定，甚至有的人會變得野蠻專橫，即使是在「犯人」並不抵抗的情況下，他們也會選擇殘酷，甚至是虐待的手段去對付「犯人」。

這個實驗就說明了角色的力量，即不同的角色對於人的行為具有深度的指導動向和感染力，它通常比一個人的人格行為能產生更大的影響。

三、權威認同

- 當你置身於莊嚴肅靜的紫禁城內，眼前是逐級而上的漢白玉臺階，朝覲的是高高地端坐於太和寶殿裡的當朝天子，這能不令人畏懼嗎？
- 當你步入百貨公司的精品專櫃，面對西裝筆挺的專櫃銷售員，燈光照射下璀璨的鑽石戒指，你會認為那是假貨嗎？
- 你最喜歡的明星最近代言了一款新型智慧型手機，你會覺得這款手機性能差勁嗎？
- 當你走過一家建築氣派、裝飾著科林斯柱式的銀行，你會想到，這家銀行已經瀕臨破產了嗎？

人們為何會服從於權威？

一個地位高、有威信、受人敬重的人所說的話、所做的事最容易引起別人的重視、認可、模仿，這就是權威認同，而它所產生出來的社會效應即權威效應。

早在兩千多年前，偉大的古羅馬詩人維吉爾就曾向世人宣示：「走吧，跟著權威！」這似乎已經揭示出了人類的一種普遍本性，以及權威在人類群體中的重要性。這究竟能給人類帶來什麼好處？

「權威效應」普遍存在於社會，這其實是一種目的性很強的服從行為，他們之所以那樣做，主要是擔心不服從會帶來一些自己難以承受或不想面對的惡果。在諸多情況下，這樣的目的性會產生兩個完全對立的後果，也就是說，服從權威可以帶來雙面性的效應。

服從權威並非一件壞事，也不完全會造成什麼消極的後果，比如，服從國家的法律法規，權威人士倡議的社會公共準則等，就會營造出一個良好的社會氛圍；服從於父母的教導，老師的批評會使一個人更健康完美地成長；服從於上司可以得到加薪、升遷的機會。這也就是一種

「贊許心理」在激發和驅動。

反過來說，一個人若是違背這些規則，就會帶來一系列消極的效應，儘管其中有些結果對服從者來說會帶來暫時的積極效應。

另外，很多人在為自己的罪責、做過的愚蠢的事情開脫時，常常以「我只是跟著別人這樣做」的藉口來開脫。作家斯諾也曾說：「更可怕的犯罪是以服從而非反抗的名義實施的。」在這種語境下，此人就把自己跟從的人視為一種權威和責任的全部背負者。這也恰恰說明了服從權威會帶來的第二個好處，即人們對於權威的服從有時能逃避一定的責任，並以此來減少自己的罪責感。

這是一個鮮明的例子：

在第二次世界大戰中，納粹組織慘無人道地謀殺了大量無辜的人民。而在戰後，當正義者對著記錄受害者的文字清單慷慨激昂地指責魔鬼們的罪行時，其中的參與者之一蘇斯．賽則狡辯地說：「我並非一個殘暴的人，我只是一個記錄清單的人。」

還有的一種權威服從就是「確保安全」心理。執行者本身就是一個缺乏主見或對某項事情無知的人。他的服從主要是認為權威人物有一定的正確性，能產生一個更可靠、保險的係數，以此來給予心靈上的安全和慰藉。

米爾格蘭姆的實驗

不管多麼簡單的定論我們都不能憑藉主觀臆斷，即使是服從權威或權威效應的確存在，但沒有經過嚴密的實驗研究和理論論證，還是不能妄斷其中的準確性和科學性。對於「服從權威」——人類的這一特性，美國耶魯大學的心理學助理教授史丹利·米爾格蘭姆對此進行了長期、廣泛、嚴格的研究。其實驗得出的結論似乎並不驚人，實驗的過程及反映的道理卻是深刻的。這才使得很多公眾認識到了「盲目和不加批判的服從權威會帶來巨大的危險性影響」。美國的社會心理學家約翰·達利也曾對此發表看法：「米爾格蘭姆實驗的結果向我們揭示出，在社會力量的掌控中，是什麼導致了人們在現實生活中一點點地開始變得殘暴起來？」

在二十世紀六〇年代初，史丹利·米爾格蘭姆做了一項後來影響世界的大型實驗——服從權威效應。而這項實驗的出奇之處在於，這是一個關於懲罰的實驗。

在實驗之前，試驗者被告知，他們在參與一項「關於懲罰對學習效果影響」的實驗。在這個實驗中，米爾格蘭姆隨機安排一半的學生扮演「老師」的角色，另一半則扮演「學生」的角色。實驗規則是，當「學生」在背誦單詞，忘記了自己原本以為已經記住的單詞時，相對應的「老師」就會按下機器上的按鈕對「學生」施以電擊。而此時，米爾格蘭姆就站在「老師」的旁邊，相當於一個發號施令的指揮者。當然，實驗的前提條件就是「老師」和「學生」並不在同一個房間裡，而是在相鄰的兩個房間。實驗中，隨著「學生」錯誤的不斷增多，電壓就會從零伏特～四百五十伏特間以每次十五伏特的能量遞增。實驗的最後，「老師」已經啟動了機器上的「嚴重電擊」的按鈕，電壓達到了最高值。

事實上，那些「學生」就是米爾格蘭姆的同謀，他們並未受到真正的電擊，只是做出一些相對應的，虛假的動作。而實驗中的「老師」並不知道這一事實，他們依舊聽從米爾格蘭姆的指揮，難道他們並不知道人體承受電壓的極限嗎？並非如此。在實驗之前，米爾格蘭姆針對精神病醫生、學生、中產階級等不同角色的人群做了一項調查，徵詢他們是否會在這種實驗中一直堅持服從下去，直至電壓達到最高值。所有人都認為，自己在實驗中會更早地採取不服從命令。而精神病醫師分析，大多數執行者都會在一百五十伏特時拒絕。所以，對於正常人能承受多高的電壓是一個正常人意識裡的常識性問題。

而在這個實驗中，「學生」的痛苦及大聲請求並未終止「老師」的行為。大概有三分之二的「老師」最大限度地服從了米爾格蘭姆的指揮，甚至有的「學生」出現了「出汗、發抖、咬嘴唇、右手指掐自己」等痛苦行為，而「老師」也提出了要求實驗終止的要求，但米爾格蘭姆並不允許。最終，「老師」們還是服從了米爾格蘭姆的指揮。

之後，美國的千餘名大學生參加了米爾格蘭姆的這項實驗，他們中的大多數「老師」都會因為對「學生」實施了大量電擊感到痛苦和內疚。這樣的心理感受在西班牙、荷蘭等國90%的「老師」中也得到了印證。

米爾格蘭姆極其研究小組隨後又對此實驗進行了深入研究，最後得出只有在幾種情況下，「老師」才會拒絕服從米爾格蘭姆的指揮：

1. 當米爾格蘭姆離開房間（「老師」）時；
2. 「老師」和「學生」在同一個房間時，即讓「老師」與「學生」面對面直接實施電擊；
3. 當米爾格蘭姆在為實驗是否還應該繼續下去而猶豫不定時；
4. 當米爾格蘭姆是一個沒有多少高深學識的普通人時；
5. 當「學生」看到自己的同伴拒絕實驗繼續時（自己似乎不具備敢於第一個反抗的勇氣）。

而在以上的這些不服從條件中，除了第四條，其餘的條件都違背了實驗的完整性規則，而第四條揭示出的正是服從權威帶來的效應。所以，在一九七四年，米爾格蘭姆總結道：「他們的行為的關鍵不在於被抑制的憤怒或攻擊，而在於他們與權威關係所具有的特殊性質。他們已完全把自己的思想和行為交給了權威，只是把自己看作執行權威意志的工具，一旦形成這樣的思維定式後，就很難從中掙脫出來……人類有一種服從權威命令的天性，在某些情景下，人們會背叛自己一直以來遵守的道德規範，聽從權威人士去傷害無辜的人。」

權威認同產生的社會現象

在職場中，上司若能將權威效應發揮得恰到好處，往往比命令和規章制度更具掌控力。對於權威效應的發出者來說，如何利用好它將是一個難題，因為人人都願意服從權威，如專家、領導、英雄，而人人都可能會懷疑權威的可靠性和真實性。

調查者在一家理療醫院做了一項調查，結果發現：很多病人並不會完全按照理療師的建議去執行每天的自行治療。這是為什麼呢？

調查者對這些病人進行詢問後發現，很多病人會都說：「我並不完全相信他的實力。」在訪問醫師時，他卻說：「我從事這個行業很多年了，而且幫助了很多病人得到康復，難道這不能證明我的能力嗎？」「那好吧，你能不能把你的資質證明、獲獎證書懸掛在辦公室？」調查者徵求醫師的意見。「當然沒問題，我有很多相當有說服力的榮譽。」

結果出人意料，願意服從醫師建議的病人增加了36%。

從中可以得出，被否定是由於權威的發出者在實施過程中的疏忽和偏見造成的。有時，一些形式也會讓人們對其產生強烈的心理效應，如美國思想家拉爾夫·愛默生所說的：「人是很容易上當的，榮譽就是明證。」

在現實生活中，權威效應無處不在，而且影響廣泛。在眾多產生權威效應的方式中，「專業學術」和「名人效應」似乎較為普遍和有生命力。

這是一個史丹利·米爾格蘭姆精心設計的心理學測驗。

一九六一年，康乃狄格州紐哈芬市地報紙上登過一則廣告：為了研究記憶力和學習方法，耶魯大學要招聘一批測驗志願者，要求應徵者必須是非大學在校學生，且是年齡在20到55歲之間身體健康的男士。他們的報酬是每小時四美元，並報銷來回的車費。

很多市民看到耶魯大學的這則廣告之後興奮得不得了。這是一個多麼有權威的世界名校！所謂測試無非就是背背單詞而已，這是一件太簡單的事情！很快就有十五名工人，十六名售貨員，甚至有九名在校專家前來面試。然而，當面試者來到試驗地時卻發現這是一個騙局。

這就是對「專業學術」的篤信帶來的欺騙。這也恰恰說明其權威性的強大性和人們對於此的深信不疑。史丹利·米爾格蘭姆就是抓住了人性的這一弱點，使他們對權威進行一種顛覆性地認識。紐哈芬市的市民根本不會相信，一座舉世聞名的大學竟然會發出一個完全虛假的廣告，簡直不可思議！而「名人效應」同樣具有如此效力，已經深入到了生活的各個空隙。以下這個故事就是利用人們對於名人的服從而進行的一筆大買賣。

你一定知道聞名世界的白蘭地品質優良、價格不菲，而且長銷不衰，但它在二十世紀五〇年代並非如此。

為了擴大白蘭地的銷路和影響力，酒商決定把市場投向戰後飛速發展的美國。為此，他們策劃了一次以「禮輕情義重，酒少情意濃」為主題的商業活動，主要目的是為美國總統艾森豪祝壽。酒商們大肆宣傳這項壯舉將促進法美兩國人民的友誼，而且廣泛地利用了兩國的新聞媒介，將其告訴法美兩國以及全世界的人民。

這場活動還獲得了法國政府的讚賞和大力支持，外交管道也為此開了綠燈。在總統生日當天，酒商們用專機將兩桶窖藏長達六十七年的白蘭地酒送往美國，作為生日禮物贈送給了艾森豪總統。而眾多美國人在總統生日的一個月前就從各種媒介中看到了白蘭地的廣告，一時間，白蘭地成了新聞報導和街談巷議的熱門話題。大家都相信，送給總統的白蘭地一定是世界上最好的酒，於是紛紛購買。之後，白蘭地打進了美國市場，又由美國傳播到了世界各地。

這就是利用政治、名人而產生的一場巨大的掌控效應。精明的酒商們將此事做得無比完美，儘管將酒免費贈送給了總統，卻利用了總統這一招牌贏得了一塊更大的「蛋糕」。

就是這樣的，權威效應無處不在，帶來的效應也是驚人的。但對於普通人，沒有專家的博識、政治家的手腕、名人的魅力，難道自身就無法發揮權威效應了嗎？不是的。當你和陌生人第一次會面，你無可挑剔的禮儀就是在樹立權威；當你在和客戶談判時，不偏不倚地解決了一個尷尬，你就為自己贏得了一份威信；當你在一位年輕人面前，即使是「蜻蜓點水」地介紹了自己的人生經驗也是在贏得一份尊重；當你在演講中能拿出自己的實戰心得，就會贏得更多人的支持。所以，權威效應對於任何一個人來說都適用，都可以利用它來說服他要征服的人。

四、從眾心理

- 面對大街上乞討的少年，來來往往的行人只是觀望，沒有人給他一分錢，而突然有一個人給少年扔了一元錢，之後，乞討箱內會接二連三地掉進一些零錢。
- 一群人都在排著長龍隊後買回家的火車票，有一個不守秩序的人從中插隊，這時，他就會遭到眾人的指責。
- 在公司舉辦的為災區募捐的活動中，有一兩位熱情的同事帶頭慷慨地捐款，其他同事也會積極地參與，最終收效頗豐。
- 商家為了促銷產品，就會雇用一些人排隊購買，別的行人看到後就會紛紛加入其中，最後產品銷售一空。

什麼是從眾心理？

從眾心理（conformity）是人的一種本性，是指人們在不自覺的情況下就會以多數人的意見為準則，然後做出判斷、形成印象以及欲付諸行動的心理變化過程。從眾心理就是通常所說的「隨大流」，它包括兩大部分，思想上的從眾和行為上的從眾。

在從眾心理中，最著名的實驗就是「羊群效應」：

在一群羊前面橫放一根木桿，當第一隻羊跳過木桿後，第二隻、第三隻、第四隻也都會隨之跳過木桿。在中途，故意將木桿拿走後，後來的羊群都會像之前的羊群一樣在木桿前向上一躍。這就是一種從眾的心理產生的慣性。

作為一個心理學概念，從眾效應是一種普遍的社會心理現象，是指個體在真實存在的或臆想的群體壓力下，在思想上或行動上以多數人或權威人物的行為為準則，從而在思想和行為上努力做出的一種與之一致的認知和行為。譬如，女士應該優先、長輩應該坐上座、在民族受到侵略時，民眾應該眾志成城、在草地上出現一串足跡後，會逐漸被後來人走出一條小道……從時間和空間上來看，從眾效應可以表現為，在臨時的特定情境中對佔優勢的行為方式的採納，和長期性的對佔優勢的觀念與行為方式的接受。

但是，必須區別一個概念，從眾並不是真正意義上的去服從某一個人、一個組織或一項政策，但就其產生的結果而言，從眾和服從一樣都是一種順從的行為。當一個人與別人組成一個群體時，他所做出的行為就會和獨自一人時的行為不一樣，因為他所做出的行為受到了一種群體心理的感染，而非絕對獨立的思想意識在指導自身的行為。事實上，一個人也很難在一個群體中做出不受任何壓力的行為。就從眾效應自身而言，它並無好壞之分，其產生的效果好壞要取決於從眾者心理及其具體場合下產生的從眾行為，其結果一般表現在兩個方面：積極作用的從眾效應和消極作用的從眾效應。在社會生活中，積極的從眾效應可以促使個體相互感染和激勵，最終發揮出良好的社會氛圍和效果，反之則亦然。

針對這一現象，美國心理學家所羅門·阿希在二十世紀五〇年代也進行了一次試驗，他也像心理學家史丹利·米爾格蘭姆做權威效應試驗那樣設下了圈套。他請了七個近視眼的學生作為搭檔，然後讓他們和一個視力正常的人一起去判斷一組線段的長短。儘管七個近視者回答的都是錯誤的答案，但這個視力正常的參與者也「睜著眼睛說瞎話」，也說出了那樣的答案。而在接下來一系列類似的實驗中，這種情況出現的比率極高，當採訪一位參與者時，他說：「我在那時會感到不安、迷惑，甚至是孤單，好像自己被大家拋棄了。」

那麼，人們為什麼會出現從眾心理呢？這是因為，在社會中生存的個體行為與大眾趨向一致時，就會受到大眾的歡迎和認可，否則就會引發很多不利於自身的消極後果。最簡單的例子，在英國、日本、印度、巴基斯坦等國家，大家都遵守靠左走的規則，若一個人背道而馳時就會受到大家的非議，而在很多社會主義國家，要求行人車馬一律靠右走，靠左走的人就會受到非議。這就是社會規範下人們的產生的一種從眾心理。但是，自所羅門·阿希的試驗以來，盲目地從眾比率已經下降，這也就說明，從眾心理會隨著文化規範和社會規範的改變而改變。

從眾心理就是說服的切點

這是一個著名的從眾效應的實驗：

一所學校曾經邀請一位著名的化學家到課堂上為學生展示他的最近發明——一種能揮發性液體。當這位滿嘴大鬍子的化學家鄭重地對同學們說：「親愛的同學們，我剛剛研究出一種具有強烈揮發性質的液體，現在我要給大家展示一下，看看這種神奇的液體在多長時間內能揮發到致使在座的每一位都能聞到。若是哪一位同學聞到後，就舉起他的手。」

說完，神秘的化學家打開了密封的玻璃瓶。時間一秒一秒地過去了，突然有一個同學舉起了手。漸漸地，第二個、第三個，前排的、中排的，舉手的學生越來越多了。三分鐘時候，全班的同學都舉起了手，除了一位坐在中間的男學生。化學家並沒有宣佈實驗的結束，舉起手的人則四處張望。大家最終把目光都投向了那個男生，他顯得很窘迫，在大家的注視之下也慢慢地舉起了手。

「好，我宣佈實驗結束。」大鬍子化學家臉上露出了微笑，繼續說，「大家知道你們聞到的是哪一種化學液體嗎？知道的同學請舉手。」時間過去了一分鐘，沒有一個同學舉手。「是蒸餾水。」化學家果斷地說，「它是沒有任何味道的。」

在這個實驗中發生的就是從眾效應。看到別的同學舉手後，其他同學就會跟著舉手。但是，這並不完全說明所有的同學都在撒謊，而是他們在受一些外界環境的暗示和其他同學的誤導而產生的一種生理錯覺。這恰恰是人性的一個弱點，也是最容易被人利用和攻擊的切入口，在說服術上同樣有效。這個案例也說明，從眾效應必須要發生在同一個群體內，它可能是一個民族、國家、性別、社區、家族等，否則從眾效應就脫離了生長和發展的土壤。在下面的這兩個案例中，這一觀點將得到更好的驗證。

一九八二年，《應用心理學》上刊登了一篇研究報告：

一批研究人員在一個社區內做一項慈善性質的募捐活動，他們事先準備了一個捐款的名單，敲開每一家的門後，他們就會出示這個捐款名單，很多人看到這個捐款名單後，都會多多少少捐一些錢。後來，這個捐款單上的名字越多時，大家捐款的積極性就越大。其中還發現，尤其是當捐款人在名單上看到自己認識的人時，他捐款的決心和數額就會相對大一些。

《個性與社會心理學》上曾經刊登過一個實驗：

在紐約的一家研究所，研究人員要做一項關於居民是否會將撿到的錢包物歸原主的實驗。研究發現，當撿到錢包的人聽說曾經本國的某個人將撿到的錢包物歸原主後，自己會迫切希望將撿到的錢包交給失主。當他聽說曾經有個外國人將撿到的錢包歸還給失主後，自己歸還錢包的欲望並不大。

這兩個案例說明的問題就是：一、從眾心理對一個人的決策起到重要的影響作用——人們會仿效與其相似的人的做法；二、同等群體下的人們之間更容易產生從眾心理，因為他們具有普遍的社會同一性（social- identities），比如民族的同一性、種族中心主義，這會產生更大的效應。

其中得出的啟示就是：當你在對別人表達意見或說服對方時，可以積極地利用同等群體下產生的從眾效應，如案例中所示，同一社區、同一國度之間的人就會產生強大的從眾效應，這也是說服對方的催化劑。

避免「消極」的從眾效應

有些從眾效應是我們生活的必須準則，有些則會讓我們在不知不覺中陷入一種對自身不利的境況。那麼，如何在能避免這些容易產生消極狀態的從眾效應呢？保持冷靜的心態、獨立的思考、自身的實踐就是一些比較可靠的方法。

這裡需要提醒讀者的是，從眾效應會導致兩種消極的效應：群體思維（groupthink）和責任擴散（diffusion of responsibility）。

當一群志同道合的傢伙形成一個群體效應時，他們會從群體中學到更多積極的、有益的思想和行為，但當他們組合起來也很容易形成一種極端的行為，即群體思維。這就會導致他們認為這個群體是沒有錯的，百分之百的無懈可擊，即使有人有異議，群體性的震懾也會對其進行施壓使之遵從。這就是耶魯大學心理學教授歐文．詹尼斯的研究成果，並且，這種現象在很多國際性災難的事件中得到了驗證。這裡實施的就是一種強制性的說服。

第二種即在一個群體中，成員會認為別的人會去做此事，所以就不採取行動，甚至是不理睬。做一個最簡單的假設：當你在大街上摔倒，你認為下列哪種情況有人會向你伸出援助之手？

1. 只有一個人經過你身邊。

2. 一小群人經過你身邊。

3. 川流不息的人們經過你身邊。

你是否認為情況三最有可能？這恰恰是錯誤的，事實上應該是情況一。因為路上經過的人越多，作為個體，人們越會把責任分擔和寄託到別人身上，從而降低自身的責任感。而這也最容易形成一種社會墮化（social loafing），如在群體的工作中偷懶，而讓別人去更努力工作，致使最終形成一種去個性化（deindividuation）。這種現象最極端的例子通常會發生在那些大規模、互不相識的人群中。

針對從眾心理所帶來的消極效應，美國加利福尼亞大學洛杉磯分校的經濟學教授伊渥・韋奇發現的韋奇定律——「假如你對某事產生了自己的看法，但另外的十個人和你的觀點相反，你就很難不對自己的觀點產生懷疑」最值得我們參考。

韋奇經常說：「不要讓閒話動搖了你的意志。」這似乎和偉大的詩人但丁的名言「走自己的路，讓別人說去吧」一脈相承，都是避免從眾效應的至理名言。在韋奇定律中，韋奇警示人們：

1. 擁有主見對一個人來說至關重要。

2. 堅持自己的主見是正確的，但不能過於頑固。

3. 沒有看到、聽到一件事之前，不要心存偏見，而看到、聽見之後就要對此產生主見。

4. 根本不要害怕你的主見會被眾說紛紜，莫衷一是才是最可怕的。

5. 一旦認定自己的主見，就不要被別人的閒話所動搖。你只要在乎自己的主見，就不要在乎別人對此的看法。

第二章

洗腦的常用心理手段

你知道騙局是如何順理成章的發生在我們身邊的嗎？所謂的真理背後，到底藏著哪些意亂神迷的真相？怎麼樣的情境下，你神不知鬼不覺地被洗腦？洗腦常用的心理手段有哪些？幾乎沒有人相信，自己隨時都在受到另一個人的心靈控制。這正是高端洗腦者的高明之處。

一、熟悉效應

人人都具有強烈的警惕意識，但是，這種意識在自己熟悉的人或事物面前就會變得軟弱無力。這就是人性的弱點。

相反，當你給對方製造一種熟悉的情景時，就很容易讓他服從你的意志。這就是一種高超的說服技巧。

拉爾夫·泰勒的實驗

人人常常對自己看到的人、商品或其他事物產生更積極的傾向態度，這就是熟悉效應（familiarity effect），它是一種普遍的現象，已經在各種文化、物種、意識狀態之間得到了證明，即使你意識不到它的感染和刺激，它也在發揮著作用。

你不得不相信人們會對自己熟悉的事情本能地產生一種歸屬感和認可感，這種因為熟悉而產生的效應恰恰是掌控技巧上的一條門徑。美國著名的教育學家拉爾夫·泰勒曾經做過這樣一個實驗：

把一群大學生分成上、中、下三等，然後在每個等級學生中取數量相同的人組成小組，讓他們討論大學裡的十項預算削減計畫中哪一個最好。其中有一半的小組成員生活在支配能力高的學生寢室裡，而另一半在支配能力低的學生寢室裡。實驗結果顯示：問題討論的結果總由寢室長的意見所決定，即使是那些小組成員來自低支配力的寢室。

從這個實驗中我們可以得出，一個人在自己熟悉的環境中比在陌生的環境中更容易被說服。我們總是會不自覺的相信自己群體中的成員，尤其是那些平時具有權威性的人，就像這個實驗中，不管是支配能力低的人還是支配能力高的人，他們總是會相信和支持自己群體中熟悉的人的意見。

自己人效應

熟悉效應也可以成為自己人效應，因為人人都會相信、支援自己熟悉的人。人們天生都有一種強烈的防禦意識，對於外界，尤其是對他不熟悉的人或物更會嚴加警惕。但是，對於自己熟悉的人或事物就不一定有如此的警惕性。對於說服者來說，當你面對一個並不熟悉的人時，怎樣才能攻破他的心牆，最終說服他呢？

如果你想要對方相信你是對的，並按照你的意見行事，首先需要對方喜歡你，否則，你的任何舉動都會失敗。當你用真誠、熱情、大度的態度和對方交談，或是尋找到雙方之間的共同點並將其發揮得淋漓盡致，這就會讓對方覺得你們雙方有交集，像是見到了親人或老朋友。當你能做到這一點時，你已經做出了成功地說服對方的第一步，接下來，你想要對方服從你的建議、支持你，事情則會迎刃而解。這就是自己人效應。

一位法國的企業家專程前往印度，目的是要和一位新德里的將軍談判一樁關於飛機銷售的生意。但是，當企業家到達新德里後，這位將軍對他置之不理。最後，企業家通過各種管道獲得了與將軍交談的機會，但只有十分鐘。

當企業家被將軍的秘書引到會客廳後，秘書很冷漠地對他說：「不要多佔用將軍的時間。」站在會客廳，現場緊張的氣氛讓企業家對這場生意沒抱太大的希望。

「您好！」將軍先伸出了手，這似乎只是出於禮貌。「您好，將軍閣下！」企業家用真誠、坦率的口吻說，「我衷心地向您致敬，感謝您對我的公司採取如此強硬的態度。」將軍聽後感到莫名其妙。「噢，是您使我得到了一個幸運的機會，在我的生日這一天使我又回到自己的出生地。」「莫非您出生在印度？」將軍疑惑地問。「是的！」拉梯果斷地說，「儘管我是法國人，但我出生在偉大的印度名城加爾各答。當年，我的爸爸是法國歇爾公司駐印度代表，我的童年就在印度度過，那時，我生活得非常幸福、快樂，因為很多印度的人民給予了我們一家人熱忱的關照。」企業家根本就沒有提及飛機談判的事情，而是娓娓道來童年的美好回憶，「在我三歲的生日時，一位印度阿姨送給我一個可愛的玩具，我曾經一起和印度的小朋友在大象背上嬉戲玩耍，印度的老師教會了我第一門外語……我在印度生活的每一天都充滿了笑聲。」將軍被企業家的美好回憶深深地迷住了，當即就說：「您又要在印度度過一次生日了，真是太好了，我想請你共進午餐。」這令企業家興奮至極。

之後，他們乘坐汽車前去餐廳。在車上，企業家打開自己的公事包，取出一張泛黃的老照片，然後恭恭敬敬地遞給了將軍。「這不是偉大的聖雄甘地嗎？」將軍興奮地對企業家說。「是的，旁邊的小孩子就是四歲的我。那年，我和父母乘船回國，在船上十分榮幸地遇到了偉大的聖雄甘地，這張照片就是當時拍的，多年來我們家人一直珍藏著它。我這次來到貴國之所以帶著它，一是想讓偉大的聖雄保佑我一路平安，還有就是想拿著它去為聖雄掃墓。」「我很感謝你，你是偉大的聖雄甘地和印度人民的好朋友。」將軍鄭重地對企業家說。

故事講到這裡就不用再講下去了，這位企業家的談判非常成功。什麼方法使他如魚得水呢？自己的父親是一位駐印度的公司代表、自己出生在印度、童年時與印度人民產生過的美好回憶、對聖雄甘地的尊敬以及交往，這些足以激起將軍的興趣，讓將軍覺得這位企業家是一位對印度充滿景仰和感激情感的國際友人，是一位和自己一樣在印度這片土地上長大的人，同自己一樣熱愛自己的國家和英雄。所以，企業家成功地說服了高高在上的將軍。

當然，想和並不熟悉的人之間發生自己人效應的方法很多，產生的效果也不同。但是，要想達到說服的目的，普遍需要具備三點：

第一，在雙方之間找到一個適合的「相似性」作為切入口，之後再循序漸進地說出自己的想法；

第二，努力使雙方處於平等的地位，縮短雙方的心理距離。你若是上司，想讓下屬為自己做出某種業績，談話時要儘量照顧到下屬的需求、情緒，讓他覺得你是一位可信、真誠的朋友。你若是下屬，想求上司為自己「開綠色通道」，在和上司的談話中就要儘量迎合上司的情緒、愛好，讓上司認為你們之間有交集；

第三，要具有優秀的人格品質，這能增加你在對方心裡的影響力，如開朗、坦率、大度、正直、真誠都是能影響對方行為的品質。

「熟悉效應」幕後的騙人術

這是再熟悉不過的事情了，多年以來，很多人會受到「老鄉」「同學」「親人」「朋友」等「熟人」的欺騙，輕微的會受到一點經濟損失，嚴重的會傾家蕩產。這其中就是因為輕信了對方的謊言，認為他真的就是自己熟悉的人。這種現象也正揭示出一個問題，人們在自己熟悉的事物面前的分析、判斷失誤的能力相對薄弱，那些犯罪分子也恰恰是利用了人性的這一弱點說服了一個又一個人，從而達到自己的不軌行為。

我們來揭示一下不法分子慣用的伎倆：

「最近還好吧？」這天王先生接到了一個電話，手機的另一端如是說。

「你是誰？」王先生疑惑地問。

「哎喲，真是貴人多忘事呀，連老朋友的聲音也聽不出來了……我的新號碼你的手機上沒有嗎？」

王先生認為恐怕是自己最近太忙了，一糊塗給忘了，所以也就憑感覺說了一個自己朋友的名字。

「哈哈，看來還沒有把我忘記。」對方果斷地說。

在接下來的談話中，對方卻直呼王先生的名字，並且噓寒問暖，談論工作上的問題，並要求王先生有時間的話大家可以在一起聚一聚，這讓繁忙中的王先生感覺到一絲絲的溫暖。

第二天上午，王先生再次接到這個人的電話，稱在路上發生了車禍，把一位老人給撞了，老人家屬要求立即支付兩萬元，可是自己身上沒帶錢，問王先生能不能先給自己打一些錢救急。朋友有難不得不幫忙，王先生就按照「朋友」提供的帳號匯去了一萬元。

在這場騙局中，犯罪分子就是利用許多人記不住朋友電話或聲音而心生愧疚的心理，「理直氣壯」地進行行騙。對於受騙者來說，究其原因就是在他們看來，自己的錢是借給了自己的熟悉的人，而事實上，他們對自己熟悉的人卻是模糊的。

在現實生活中，還有類似的「熟人」就是以車禍、被竊、嫖娼被抓等原因而急切要求熟人給予金錢的說明，他們運用的媒介一般是網路、電話、談話等。很多通過這些媒介得到「熟人」的災難資訊後，通常會被感情沖昏了頭腦而受騙。

近些年來，非法傳銷群體就是一個最大的行騙方式，它引發了很多的社會問題、經濟問題。而它運用的手段也無非就是以上講到的手段，他們的組織一般都是由同學、同事、老鄉、朋友、親戚所構成，因為彼此之間都是熟人，比較瞭解，所以就減輕了防範心理。另外，他們還會用一些非常有誘惑力的工作、工資待遇、暴富等形式誘騙對方。

究其原因，這就是由熟悉效應產生的結果。

二、效度效應

人性的弱點比比皆是，「不堅定」就是其中之一。當一個觀點或一種資訊僅僅是因為重複了許多次，最後就會有很多人傾向於它是真的。這就說明一個道理：重複是一種力量，謊言重複一百次就會成為真理，即使變不成真理，只要別人不戳穿，多數人也會把它當成真理。這就是效度效應，當你恰如其分地將其運用到某件事上，多次重複直到對方心理崩潰，你也就成功地掌握了效度效應。

「效度效應」的陷阱

中國古代有這樣一個故事：

《戰國策．秦策》中記載，春秋末年，儒家思想的傑出代表曾子（姓曾名參）居住在家鄉費縣（山東沂蒙地區），而此地有一個與曾參同名的人。

曾參殺人了。有個鄰居就前來告訴曾母說：「你們家曾參殺人了！」正在織布的曾母聽後說：「我的兒子是堂堂正正的讀書人，他是不會殺人的。」說著仍然一心一意地織布。又過了一會，又有一個鄰人跑來說：「你們家曾參殺人了！」此時，曾母依舊淡定自如地織布。很快，又有一個鄰居跑過來說：「你們家曾參殺人了！」曾母終於害怕了，便丟下手中的梭子翻牆逃跑。

後來，曾母才發現這是一場誤會，並非是自己的兒子殺人了，而是另外一個名叫曾參的人做了壞事。

曾母一開始對於鄰居的話根本不相信，認為那絕對是謠言。但是，隨著謠言被越來越多的人重複，就開始產生了疑心，最終認定謠言就是真的。這就是人的一種普遍的心理狀態——效度效應（validity effect），一個觀點或一種資訊僅僅因為重複了許多次，結果就會有很多人傾向於它是真的，換句話即「謊言重複一千遍就會變成真理」。

長期以來，效度效應是政治家、廣告商、陰謀家慣用的伎倆，他們會把自己的觀點和廣告重複到足夠多的次數，以致受眾不得不相信這是真的。走在路上你會看到這個廣告，乘坐公交、地鐵時你也會看到這個廣告，開車時你會聽到這個廣告，看電視、電影時會插播這個廣告，看報紙、雜誌時會碰到這個廣告等，「重複」已經成為商家的行銷手段。如果重複兩百次，消費者還沒有對這種產品形成一種概念，那麼，廣告商就會使廣告重複八百次、上千次……久而久之，即使是謊言也會變成「真理」，某種產品的形象就在你頭腦中佔據特殊的位置。你可能根本不瞭解某種產品的成分和品質，腦海中卻會不自覺地信以為：這應該是一種優質的知名產品，既然這麼火爆，我應該買來感受一下。

一九五七年，美國的一位市場調查員曾經做過一個實驗：

在新澤西州的一家電影院裡放映電影《野餐（Picnic）》時，他將「請喝可口可樂」與「餓嗎？請吃爆米花」這兩句廣告以極快的語速間隔五秒就會在銀幕上播出一次。這個實驗進行了六週後，可口可樂的銷量增長了18.1%，爆米花的銷量增長了57.7%。

這位調查員說：「也許並沒有人去下意識地關注這句話的內涵，當他們在看電影時卻會下意識地去購買可口可樂和爆米花。」

這就是利用效度效應產生的一種隱性說服的方法。效度效應是否具於科學性，其對於人的心理是否能產生說服力，哈爾．阿克斯及其助手在二十世紀九〇年代初做了一系列足夠經典的實驗，名為「關於效度效應是怎樣起作用的」。

研究者向一批志願者陳述一系列如「水銀的沸點比銅的沸點高、一九四八年之前已經有超過四百部的電影被拍攝出來」等錯誤的或正確的常識。志願者要對聽到的常識從1分（表示完全錯誤）到7分（表示完全正確）做一個正確性的等級判斷。在七天到十四天之間，這樣的實驗又多次被考核，不同的是每次實驗中都有之前被測試過的常識，也有新添進去的常識。研究者從幾次的實驗中發現，那些在之前被多次重複過的常識往往會被志願者誤認為是正確的。

針對這項實驗，阿克斯說：「在研究中，我並沒有嘗試去說服志願者，我也沒有提供給他們支持性的理由。我只是讓志願者對常識評定等級，單純的重複似乎強化了評定的態度，這是一個驚人的結果。」這足以說明重複對於人們的觀念和態度的影響力。從另外一個角度看，觀點或主張的重複，即效度效應可以影響一個人判斷的態度。這是一種友好的、有效的說服方式。另外還有兩種友好而有效的說服方式：

第一，受欽佩的或有吸引力的人做出表率和引領，即上一章中講到的「權威認同」。

第二，將要表達的觀點或資訊與美好的情感聯繫起來，即下一節的「情感效應」。

戈培爾的「效度效應」

「很多極為重要的社會規律和生活法則都會被隱藏在複雜的社會現象中。掌握了它們，會幫助你發現事物真相，會更深刻地認識到社會和人性的真諦；而合理地運用它們，許多複雜和疑難的問題就會迎刃而解……謊言重複一百次就會成為真理。」這就是「戈培爾效應」。

所謂的戈培爾效應就是效度效應，是戈培爾針對具體的情況和目標創造出來的一種說服模式。他最著名而有哲理的話就是「重複是一種力量，謊言重複一百次就會成為真理」，這就是他實現目標的一把利劍。

一九二二年六月，戈培爾聽完了希特勒的講演，驚歎道：「現在我找到了應該走的道路——這是一個命令！」從此，他利用自己天才般的演講術和超人的智慧，瘋狂地宣傳他所信奉的「納粹主義」，逐步使納粹黨一黨專政合法化，使希特勒的法西斯獨裁專制統治一路暢通。最後，戈培爾得到了希特勒的賞識，成為了納粹的高級領導——教育部長和宣傳部長。在他成功的背後，戈培爾喪心病狂地調動了納粹黨宣傳機構的全部人馬，奇妙地運用「效度效應」進行了德國歷史上空前的宣傳運動。比如，一九三二年的總統競選活動中，戈培爾力促希特勒參加競選。希特勒做出了瘋狂的舉措，他們周遊全國、頻繁發表競選演說、煽動黨徒的狂熱情緒。而戈培爾調集全部人馬，開動了宣傳機器，利用募集的經費，發動前所未有的宣傳運動——在全國各地張貼一百萬張彩色宣傳畫、分發了八百萬本小冊子以及一千兩百萬份的黨報特刊、首次將電影和唱片用到了總統競選的活動中。儘管在這次競選中，希特勒經過兩次的投票均未能當選，獲得的選票卻翻了一倍。

戈培爾深知要達到目的，人民的意識必須和納粹的思想保持一致，德國只能聽到一種聲音。戈培爾還在全國範圍內開展了焚書運動，對出版、報刊、廣播和電影等媒體實行了嚴格的管制，要求必須宣傳與納粹黨思想一致的資訊。所以，在德國襲擊波蘭前，戈培爾在納粹德國的一切媒介上翻天覆地地為德國侵略波蘭製造藉口：「同胞們，是波蘭擾亂了歐洲的和平，是波蘭以武裝的入侵威脅了德國的和平。」在納粹德國報紙上，炒作的話題只有一個——破壞歐洲和平的罪魁禍首是波蘭。

再如，在荷蘭軍隊投降後的第一天，三十個柏林電臺立即駐紮在荷蘭廣播電臺。他們帶來了非常齊全和先進的裝備，還帶了多種已經錄製好的節目和荷蘭語磁帶，這足夠播放兩個禮拜以上。後來，深諳宣傳以攻心為上的戈培爾決定不再播放從德國帶來的節目，而是延續荷蘭電臺的節目傳統，但對播放內容做了極度嚴格的監控。隨著德國勢力範圍的擴大，外語電臺數目的不斷增多，納粹思想的宣傳波及得越來越遠，戈培爾計畫讓全世界各地的人們都能聽到納粹的聲音。僅僅在一九四二年，柏林廣播電臺播送或監視播送的固定節目就有二十七種語言之多。

相信「信仰謊言重複多遍，就會成為真理」的戈培爾顛倒黑白、混淆是非，根本不顧事實，調動一切輿論工具，不斷為其編造新的謊言尋找新的論據。但是，這仍極具煽動性，大多數人並不知情，通過各種管道向人們傳播的納粹思想還是逐步改變了很多人的信念。大家會不自覺地按照納粹指導的方式行動，或者下意識地去接受納粹鼓動的信念。

當然，戈培爾運用的並非只有一種手段，「宣傳只有一個目標：征服群眾。所有一切為這個目標服務的手段都是好的。」這是戈培爾的一句名言。他在充分利用「效度效應」的同時摻雜了一些必要的手段，如下一節將要講到的「強迫效應」。

避免「超限」

難道說效度效應具有絕對的魔力？這並非絕對的，任何法則若是不能恰當地發揮，都不能如你所願。

你原本是要說服對方去支持自己，結果，對方的情緒卻向你的初衷相反的方向發展；

你在說服對方時，一開始，他的情緒隨著談話的進展不斷向你希望的狀態發展，但當它達到一定的高峰時，卻開始一點點地下滑，甚至最後滑落到了水平線以下。

這其實就是你的說服技巧發生了差錯，即你的談話尺度超過了對方的承受能力，所以就產生了超限效應。

美國的著名幽默作家馬克．吐溫講過一個故事：

有一次，他去教堂聽牧師的募捐演講。一開始，馬克．吐溫覺得牧師的演講情真意切，甚至催人淚下。於是，馬克．吐溫就產生了一種準備捐款的衝動。過了一會，這位牧師的演講還沒有結束，就令馬克．吐溫有些不耐煩了，他決定隨便捐一些零錢罷了。但是又過了一會，可恨的牧師還沒有結束他的演講，馬克．吐溫反感透了，他一分錢也不想捐了。時間又過去了一會，牧師終於結束了他的演講。這時，募捐開始，胸中充滿怒氣的馬克．吐溫不僅分文未捐，還惡作劇地從盤子裡拿了兩個硬幣，作為浪費自己的時間的補償。

這說明了什麼現象？即使是像馬克．吐溫這種偉大的人在某些時候的心理承受能力也是有限度的。所以，即使多麼動聽、感人的語言，超過一定的界限都會讓對方產生反感情緒。好話多麼動聽，說多了也會味如嚼蠟，再親密的朋友，相處時間長了也會產生不愉快，就像十六世紀劇作家約翰．李利的話：「客人和魚一樣，三天就會發臭。」

但是，超限效應在我們的生活中經常上演，而且是重演，每一次的效果都是很糟糕的。當孩子成績向下滑落時，父母的教育本來是要說服孩子在學習上加一把勁，但不管是溫和的方式還是嚴厲的方式，一次、兩次、三次……孩子的心裡會對這種行為產生反感，甚至出現抵抗情緒；當一位老師經常表揚一個品學兼優的學生，時間長了，這個品學兼優的學生也會變得驕傲自滿、目空一切；當你給同事一點小禮物，目的是為了說服他在你的工作出現差錯時彌補一下，但你隔三差五、逢年過節時都給他施以恩惠，他就會覺得受之有理。一旦偶爾落下了這個「禮節」，他就會對你心存偏見，甚至是落井下石。

所以，在生活中要儘量去避免超限效應的發生。任何人的心理都有一個承受界限，超過這個標準，就可能會產生事與願違的後果。另一方面。超限效應之所以在生活中經常發生，是源於人性的弱點：以自我為中心，不注重講話方式，不注意換位思考。這些都是應該避免的。

三、情感效應

說服不是征服，征服更多的是強調武力上的效果，說服則是通過你自身的各種技巧，讓對方心服口服地信任你、贊成你、支持你，最重要的是從情感上向對方「進攻」。比如，人們最喜歡那些對自己的喜歡、獎勵、讚賞不斷增加的人或物，對那些自己毫不感興趣、無激勵效果的人或物的興趣會不斷減少。這就是人的情感心理在發揮作用，這也是說服對方的途徑。

阿倫森效應：一種極端的說服術

你一定喜歡經常誇獎你的人或是對自己有價值的物品，對方的誇獎越多、物品的價值越大，你的好感就越強烈，興趣就會越濃厚，反之則會興趣下降，甚至產生厭惡。

美國社會心理學家艾略特．阿倫森研究發現：人們最喜歡那些對自己的喜歡、獎勵、讚賞不斷增加的人或物，而對那些自己毫不感興趣、無激勵效果的人或物的興趣會不斷減少。究其原因主要是挫折感在作怪。從對方對你的讚美或一件東西對你的吸引力，到對方對你的評價索然無味或那件東西對你毫無價值的遞減，就會讓你產生一定的挫折心理。也許這種挫折心理並不大，但不斷地襲來會導致你的興趣逐漸降低乃至消失，在這一系列地轉變過程中，人們對此的心理會逐漸變得消極，甚至會產生反感的情緒。

阿倫森曾經做過這樣一個實驗：將一組試驗者平均分為A、B、C、D四組，然後讓他們作為評委，用不同的模式依次對數十個人進行評價。A組始終運用褒獎有加的評價方式，B組始終用否定貶低的評價方式，C組始終用先褒後貶的評價方式，D組始終用先貶後褒的評價方式。結果發現，在這數十個被評價的人中，人們普遍對D組的評委最具好感，而對C組的評委最為反感。

這個實驗也就驗證了阿倫森效應的正確性，即人們會對那些逐漸對自己不利的人或物產生反感，對那些逐漸對自己有利的人或物會產生好感。這個法則也恰恰提醒我們在日常工作與生活中，要儘量避免因自己的不當行為，使對方對自己產生惡性遞增印象。與此同時，當你即將面對不願看到的結局，或是希望改善但又束手無策的局面時，就可以利用人類這一普遍的心理去說服對方。

佛羅倫斯城有一位叫列奧納多的老教師退休後在郊區的湖邊買了一座別墅，目的是要在此安度晚年。每天，他在這裡生活得也很愜意。可是，列奧納多的寧靜生活被一場暴風雨打破了，一夜之間狂風吹倒了一棵本已枯老的柏樹。每當他在午休的時候，一群小朋友就會爬到倒下的柏樹上一個勁地搖晃、呼喊，他們玩得很快樂，但這令列奧納多頭痛極了。

一天中午，列奧納多的午休依舊被這群可恨的小傢伙吵醒了，他真想出去把他們臭罵一頓，但最終還是克制住了自己。這不是一個真正的紳士能做出的行為，更何況自己面對的是一群天真無邪的孩子。列奧納多思考了一會，之後就走出了出去，他對嬉鬧中的小朋友們說：「噢，親愛的小傢伙們，你們好，大家可以叫我列奧納多，我是一個退休老師，年紀大了想請大家幫一個忙，就是把樹上的小樹枝一個個折下來，你們每人都會得到一元的勞務費。」小朋友們聽後都爭先恐後地幹了起來，很快，他們都累得氣喘吁吁，列奧納多就對他們說：「好了好了，親愛的小朋友，大家辛苦了，來，每人拿好自己的一元錢。」小朋友們拿到屬於自己的一元錢後都很開心，列奧納多又說：「大家回家吧，我們明天中午繼續吧！」

第二天中午，所有的小朋友如約而來，但這次每個小朋友得到的只有八十美分，有的小朋友看起來就不樂意了。

第三天中午，來到別墅的小朋友只有前一天的一半，幹完活後，他們每人得到的卻只有五十美分。有一個小朋友很無奈地說：「真是沒勁透了，一天比一天的錢少了，太沒意思了！」

第四天，一個小朋友也沒有來。

從此，列奧納多又過上了寧靜的生活。

列奧納多在困擾面前，巧妙地運用了阿倫森效應中「獎勵遞減」的方法，在不知不覺中讓

「敵人」對自己面臨的困擾產生了挫敗感，最終導致心理反感而離開，而「敵人」的離開也就意味著困惑的解除。在這種互動行為中，列奧納多採用的並非語言上的說服技巧，而是一種心理上的冷戰，情感上的激化。此時，語言只是一種媒介，心理和情感上的攻擊才是真正的說服手段。

同樣的道理，當我們面對相反的情況時，就可以利用阿倫森效應中「獎勵遞增」的方法，來提高對方對你希望變好的事情的積極性，或是對你的人格魅力的服從與迷戀。這種方法也會讓對方在不知不覺中提高工作的熱情和對你的服從程度。這也是一種強有力的說服方法。

附加值效應：商業行為中的「情感」

為什麼某種保健食品在消費者的腦海中會被定義為表達孝心的禮品？

為什麼某件衣服並不像你想像得那麼完美，在試穿後卻決定買下？

為什麼消費者會對某一種並非真的需要且不熟悉的商品莫名渴望？

為什麼女士們會對一款附帶贈品的保養品格外心動？

消費者之所以產生這樣的心理，其實都是商家在產品行銷中融入了恰如其分的情感效應，即增加了除商品本身以外的附加功效，這就讓消費者產生物有所值，甚至是不得不買的消費衝動。

在現代社會，給商品附加上情感效應是商家慣用的行銷手段。很多情況下，消費者與其是在購買一種商品，不如說是在購買一種心理需求。

商家是通過什麼媒介將這些手段植入到商品中呢？廣告。

在我們的生活中，不知不覺地已經被鋪天蓋地的廣告包圍，這些廣告以充滿誇張、激勵、煽情的語言、形象來引導消費者認為這款產品是多麼的物超所值。很多商家會打出孝敬父母、關心孩子等招牌來推銷產品，如某種保健酒是兒女最應該用來孝敬父母的禮物，某種補腦液是父母在孩子的成長黃金期絕不能錯過的禮品。身為消費者，當我們被這種不斷重複又在重量級媒介上宣傳的廣告感染後，這種商品也就成了消費者向親友表達自己情感的方式。聰明的商家就是抓住了消費者這種急切表達情感的心理，才通過廣告實現了說服消費者的目的。

事實上，這些明碼標價的產品只需要低廉的成本，商家卻從中牟取了數倍的暴利，甚至產品的某些特殊功效完全屬於子虛烏有，商家進行的純粹是一種欺騙行為。但是，消費者似乎並不知情，或根本無興趣去深究其中的真實與否，甚至是明知道這是一場騙局還會去購買。

為什麼會出現這樣的消費行為呢？有關經濟學家指出：消費者的情感需求會產生出一種消費需求，而消費者的需求會引導商家去生產一些符合消費者心理的產品。當消費者想要孝敬父母、關愛妻子、疼愛孩子、表達友情時，他可能並不知道用何種方式最恰當，而此時一種合適的產品就應運而生了。所以說，情感心理在消費行為中起了一個仲介的作用，而它積極地、良性地引導消費者去發生消費行為。

情感效應在消費行為中不僅體現在對親友的表達上，還體現在消費者向商家表達的一種回饋、彌補、報答心理上。很多商家在產品銷售中會推出免費試用、免費品嘗的活動，這也是一種說服消費者購買的行銷手段。想一想，當你免費品嘗了某種食物後，感覺味道並不像商家吹噓得那麼可口，但也不是很壞，僅僅是普通的味道而已，但是你就會產生一種「吃人嘴軟」的心理，又基於商家的熱情招待和煽情語言，你就決定買一些。而事實上，消費者若是沒有品嘗的話，是絕對不會去買的。

在大眾的消費行為中，商家還會在商品中附加上其額外的功效，讓消費者對這款產品產生特殊的情感，產生一種積極的消費衝動。

心理學家也研究證明，消費者在面對商品時，一切綜合的因素會讓他對商品產生積極的情感效應或消極的情感效應。很顯然，積極的情感效應一定會促進消費者的消費行為。對於商家來說，說服消費者買單的有效方法就是，如何使消費者對自己的產品產生積極的情感效應，並使之持久、增大。

在現代社會，產品同質化的程度愈來愈高，很多同一類產品的性能、品質、服務都差別不大。比如，洗髮水的功效就是協助淨化頭髮，而在很多的廣告中，洗髮水卻滋生出了千奇百怪的功效。在同一類產品中，誰又是最大的贏家呢？這就要看哪位商家能在行銷策略中能迎合了消費者的心理，能否將自己的產品附加上積極的情感效應。比如，牙膏主要功效就是防止蛀牙，而商家會把牙膏附加上增白、防止口臭的功效，會把某些食品附加上低熱量、低脂肪、降血糖、降血脂的功效，會把某種產品附加上「非凡感覺」「優質生活」「大眾品牌」「完美女人」「輕便」「美白」「綠色」「無副作用」等特殊標籤。當相對應的消費群體在面對同一類產品時會對某一款產品產生一種信任感和依賴感，即積極的情感效應。

另外，精明的商家對情感效應的運用並非一成不變的，商家抓住了消費者普遍具有「貪婪」的心態，就會把主體產品附加上一個贈品。當消費者面對這種捆綁式的產品，卻只需要支付主體產品的價格時，就會產生一種物有所值、機不可失的購買動機。事實上，這個贈品的價格已經包含在了主體產品的價格中，或是主體產品的價格會被商家適當地抬高。

感人效應：歐巴馬悲天憫人的演講

法國思想家、文學家羅曼．羅蘭曾說：「情感是一種巨大的力量，在它面前，縱然是堅冰也能被融化。」在交際中，如果你能讓對方深深地感動，那麼，沒有說服不了的事情。籠統地來講，這就是感人效應。人類最強大的攻擊屏障就是情感，而「感情用事」也恰恰是人性最大的弱點，這就是說服對方最保險的切口。

政治人物通過演講來拉取選票，服從自己的意志並非什麼新鮮的事，這是他們慣用的手段。邱吉爾、羅斯福等那些優秀的政治家無不是出色的演講家。有的政治家會用激將的方法，有的會用親民的方法，有的會用震懾的方法，不管怎麼樣，目的都是要去激起聽眾的情緒。前美國總統歐巴馬就是一位優秀的演說家。

有人甚至稱，歐巴馬之所以能當選美國總統，全都要歸功於他出色的演講才能。這樣的說法未免誇張，但他的演講的確既能使人捧腹大笑，也能使人潸然淚下。之前，歐巴馬曾做過律師、大學教授，還是一位成功的暢銷書作家。歐巴馬懂得如何在辯論中提供令人信服的有力論據，能將複雜的問題以清晰易懂的方式解釋給學生，懂得用什麼語言讓讀者為自己掏腰包。也正是這些經歷，歐巴馬鍛煉出了出色的演講技能。

二〇〇四年以來，歐巴馬已經發表過數以萬計的演說，有人稱他的演講如詩歌一般美妙，語言中充滿了振奮人心的力量。而其特色可以歸納為兩點：

一、將聽眾視為有大智慧的人，即使聽眾是一個未成年人。

二、以自然直率的語言表達深刻的道理。

但是，做到這些並不能算是一位出色的演講家。在某些演講中歐巴馬也暴露出了他的性格弱點：冷酷、態度強硬。這太缺乏人情味了，很多聽眾甚至對他產生了質疑。可是，偉大的人總有一些偉大之處，在下面的這次演講中，歐巴馬改變了演講的風格。

美國當地時間二〇一一年一月八日上午，亞利桑那州土森市發生了一起重大的槍擊案。讓人震驚的是，民主黨的女議員布里埃爾．吉福茲在此出席活動時也遭遇槍手襲擊，頭部中彈，重傷。另外，還有六人身亡、十四人受傷。這起慘案連續引發了美國各界的持續關注，民憤和騷動充斥著美國。歐巴馬不能對此坐視不管，在當月十二日，他專程前往亞利桑那州的土森市，目的是要出席為槍擊案受害者舉行的追悼會，並發表了一次極具魅力的演講。

在這次演講中，歐巴馬的神情沒有往常的高傲、霸氣，而是顯得很悲痛，言語中充滿真摯而溫暖人心的情感。他在演講中沉痛地哀悼逝者，真誠地安慰倖存者。歐巴馬一個個詳細地敘述每一個受害者的情況：「有一對恩愛半個世紀的夫婦，在危急時刻丈夫用胸膛擋住了子彈，這才挽救了妻子的生命；一位二〇〇一年九月十一日才出生的僅有九歲的小女孩也被奪去了天真可愛的生命；民主黨的女議員布里埃爾．吉福茲……。」

在這場演講中，歐巴馬似乎不是一位心存預謀的政客，也不是一位大國總統，更像是一位悲天憫人的牧師。為了讓人們在悲痛和騷亂中重新喚起對生活的希望，歐巴馬還將演講的重心轉向了生者的身上，他告訴人們：「他們就是英雄。」這也正迎合了歐巴馬曾經的名言：「我們就是我們所期待的人。」歐巴馬還提醒人們，人類最重要的不是財富、地位、權力、名望，而是我們彼此之間的愛。演講中，會場的氣氛已經讓人們超越了悲痛，平息了五日來對這場案件的騷動，更讓人們對生命的感悟得到了昇華。

這就是歐巴馬的偉大和高明之處，他回避了那些強硬政治語言，淡化了自己的政治身份，改變了他在大家心裡的演講風格。他用一種悲天憫人的演講方式來為人們的悲憤和不安療傷，來喚起人們對於生命的熱愛、和平的渴求。而這，也恰恰達到了歐巴馬平息民憤的政治目的，無疑是一種強有力的說服術。

四、強迫

強效的說服力就是一次特殊效力的洗腦，用一種經過設計的方式向某人灌輸了一種反常觀念，並使這種觀念在此人的心中根深蒂固，無論這種觀念是否荒謬絕倫。它會讓人處於精神錯亂的狀態，在不知不覺中改變了自己的「大腦程式」，改變正常思維的模式，不具備真實的判斷能力。

強迫的效力

強效的說服力還有一種模式，那就是強迫性說服。事實上，被征服者是被預謀者進行了一次又一次特殊效力的洗腦運動，用一種經過設計的方式向某人灌輸了一種反常觀念，並使這種觀念在此人的心中根深蒂固，無論這種觀念是否荒謬絕倫。很多局外人很容易就能發現這一行為和過程，但並不能清晰地闡釋出其中的道理，即使是對於已經脫離其環境的說服者來說，也很難說清楚自己曾經經歷了怎樣一種特殊的改造。

被強迫說服的人通常會處於精神錯亂的狀態，他們會在不知不覺中改變了自己的「大腦程式」，改變正常思維的模式，不具備真實的判斷能力。這種強效說服的現象對於多數人來說是不陌生的，在世界各地，尤其是在一些極端的邪教團體中表現得尤為明顯和險惡。

在二十世紀的九〇年代初期，美國德克薩斯州（Texas）的異教組織「大衛教派（Branch Davidian)」領導人大衛．考雷什曾經說服他的眾多追隨者在美國聯邦調查局（FBI）員警們的射擊中自焚。

同樣，幾年後，在美國太平洋沿岸的一個城市聖達戈，屬於UFO類型的「天堂之門教（Heavens Gate）」的領導人馬歇爾．阿普爾懷特也說服了他的三十八名崇拜者自殺，理由是一個人自殺後將會從彗星尾部裡的太空船升入天堂。

而在日本，由麻原彰晃創立的歐姆真理教（Japanese Aum Doomsday Cult）的信徒曾在日本地鐵中釋放神經毒氣，這樣的惡行導致了十人喪失生命，另外還有數千名的行人染上了嚴重的疾病。該教昔日的一位成員曾說：「歐姆真理教的策略就是消耗你，控制你的思想，他們許諾給你天堂，但給予你的是地獄。」

類似這樣的例子還有很多，也許就在你的身邊。當然，在我們的一般生活中，我們是不會運用如此違背道德的方法去說服對方的。若是運用這樣的手段，只能說我們的目的是極其陰險而慘無人道的。以上列舉這樣的幾個案例的目的即是以極端的例子來告訴讀者，強迫說服在人際交往中完全能成為可能，且具有強大的力量，但前提是在我們的交際法則中，一定要把握好強迫的尺度。

強迫如何發生？

實際上，強迫說服的方法既不神秘，也非複雜，只是預謀者運用了一種特殊的強迫情境——一個使追隨者喪失自我推理、思維判斷、正常情感的圈套。一個人一旦進入這個圈套就很難逃出，而且會按照這種情境指導做出一些反常的行為。那麼，每個人都會進入這個圈套嗎？是什麼原因使一個人在不知不覺中進入了這個圈套呢？預謀者又是運用了哪些高明的方法呢？

從「被說服者處於身體和情緒壓力之中，對社會不滿、容易產生幻想」到「被說服者的問題被簡化為一種反復強調的簡單解釋↓領導者提供了無條件的關愛、接納和重視↓創造以群眾為基礎的新同一性↓被說服者受制於陷阱↓嚴格控制說服者獲得資訊」，這一系列的環節就是強迫說服情景產生、結果的全部因素。

第一，身體和情緒處於壓力狀態下的人最容易被說服。

面對這樣的群體，預謀者會用這樣的方式去強迫說服一個人：不讓他們進行單獨的行動，比如吃飯、休息、運動、學習，總之，讓他們的行為處於一個統一的、集體的、計畫好的模式中。當然，這並不是全部，預謀者還把他們關閉在一間沒有任何味道、沒有光線、沒有任何擺設的屋子裡，或是通過單調而重複的、易使人疲勞的行為使一個人的精神處於恍惚狀態等。

第二，被征服者往往對社會不滿，經常產生一些不切合自身實際的幻想。

很多人久而久之會對生活中的一些挫折產生強烈的積怨，例如，社會分配制度的不公平，官方指定的條例的不合理，家庭出身的貧窮、當局的腐敗等。所以，一些人就會逐漸產生一些「非分之想」，努力尋找超越現狀的時機，比如，如何攻擊政府的網路系統，如何從腐敗的社會關係中牟利，如何對比自己富裕的人攻擊等。而有些預謀者正是抓住了人們的這種迫切的心理狀態，就會故意迎合他們的思想，從而讓他們產生「共鳴」，接下來他們就會被別人利用，最終做一些違背社會道德的行為。一般來說，這些被征服者最容易發在兩種人身上：一、缺乏社會經驗的人；二、社會弱勢群體。

以上兩點是在說服情境中，被說服者一般需要具備的狀態，而以下的幾點則是那些陰謀家們在說服情境中經常運用的手段。

第一，反復向被征服者強調一種只需簡單回答的問題。

就像餐前的禱告，預謀者的很多問題被簡化到沒有任何趣味。比如，預謀者會向被說服者發出：

「你現在的經濟狀況是不是很窘迫呢？」

「是的。」

「這是你不熱衷於發財所導致的！」

「你知道是什麼原因擋住了你發財的道路嗎？」

「不知道。」

「是這個可惡的政府。」

預謀者會將如此簡單的問題對被征服者進行長期而重複的質問，久而久之，一種固定式就會在被征服者腦子中烙下印記，謬論也就會變成「真理」。

第二，對被說服者提供了無微不至的關愛、重視。

很多被說服者在一開始會沉浸在預謀者設立的一種虛假的「愛」中。他們會得到無盡的讚美，會因為「被重視」而飄飄欲仙，會得到精神和肉體上的愉悅。這些帶來的惡果就是精神的衰竭和疲憊，預謀者贏得的就是這些人對他的崇拜和服從。

第三，製造群體基礎上的同一性。

預謀者會對被征服者灌輸他原本是優秀的，能做出傑出的事業，只是他的才能沒有被拯救。在這個群體中，統一的、洗心革面的生活方式將會幫助他改變一些，而預謀者會讓被征服者穿著統一的服裝，統一用餐，重新接觸新的員工，重新起一個名字等方式來進行洗腦。

第四，逐步深入的陷阱。

一個新成員剛進入一個團體時，一開始只願意做一定範圍內的事情，而預謀者也不會強行對他直接實施最終計畫，而是逐步深入。從和大家度過一個愉快的週末，到雙方進行一次「貼心」的談話，再到參加一些高級的培訓課程，最後會被唆使著捐錢、放棄婚姻、家庭，以致放棄原來的人生觀和人生理想。

第五，限制被征服者獲得更多的資訊。

一個人一旦進入預謀者設下的圈套，預謀者就會盡可能地封鎖被征服者獲取資訊的管道，如觀看、收聽正面媒體的新聞，和自己的父母等親友聯繫，尤其是那些不利於征服說服者的資訊控制得更為嚴密。這樣，被征服者其實是處於一個與世隔絕的環境，就不會有更多新鮮的思想和充滿活力的思想去排斥預謀者的觀點。預謀者這樣做的目的就是要破壞被征服者的思維判斷能力，遵循自己的思維模式。

所以，若想要說服一個人就要製造一些特殊的情景，使被征服者產生一定的心理錯覺，在一定情況下喪失清醒的狀態和防衛意識。同樣，一個人要想抵抗別人的說服誘惑，就要有意回避這些行為，保持著一定的防衛意識和批判思維。

之二

洗腦技巧

Mind
Control
Skill

在我們的交際中，很多人經常遇到這樣的情景：當自己在與別人辯論某個問題時，自己有充分的理由和絕對的自信，但是並沒有說服對方，反倒被對方說得啞口無言。這究竟是什麼原因呢？心理學家認為，要爭取別人的贊同，僅僅自己的觀點正確是遠遠不夠的，還要掌握諸多微妙的交際技巧，語言技巧則是至關重要的第一步。語言技巧包括語言內容和語速、語調，它在交際中占到至關重要的作用，這可以從美國著名心理學家亞伯特·赫拉別恩曾提出的公式（**資訊交流的效果 =7% 的語言內容 +38% 的語調語速 +55% 的表情和動作**）中找出答案。

第三章

意象催眠

人的意識狀態就像電視頻道一樣，有很多頻道，可以隨著意願轉移到不同的頻道。而所謂的洗腦，其實就是人與人之間最基本的一種溝通理念，它可以讀心，可以催眠，可以控制，從一個頻道不知不覺中轉到另一個頻道。這才是管理的目的——通過語言或者隱性溝通，讓人為自己所用，讓對方相信一個信仰。這種技巧，普遍存在，且無孔不入。

一、說服的最好途徑

「會說的不如會聽的，會聽的不如會問的」，問得巧、問得妙才是交際的目的，才是掌控對方強有力的手段。之所以要學會傾聽，目的是要「一語中的」地發問。你一定經常遇到這樣的情況：原本一件很有把握和信心幹好的事，當你向別人陳述時，卻「半路殺出個程咬金」，對方把你問得啞口無言。這時你才恍然大悟，原來對方會問這樣的問題！此時，即使你心中並不服氣，但對方的問題又讓你無可挑剔，不得不心服口服。這其實就是一個人口才、思維邏輯能力的高低，但前提是要用心傾聽，細心揣摩。

說得自然而然

發問是讀心的一種方式，前提是要洞察出對方的心理狀態，如說話的漏洞、情緒、要表達的重點、偏好等。不管你從事哪一個行業，當你面對競爭對手、同事、顧客、生意夥伴時，你的問題可能會直接影響到你的利益，合適地發問會讓你得到意想不到的收穫，不妥當的發問會讓你把事情搞得一團糟。

一位汽車銷售員在一次聚會上碰見一位朋友的朋友，問：「你打算買車嗎？」這就是一個很不恰當的發問，對方說「不買或買」都不太合適，是否買車是對方的生活隱私，與這位銷售員有關係嗎？汽車銷售員的言外之意不就是想讓朋友買他的車嗎？對方若說「買」，但又不願意買銷售員的汽車，豈不是很尷尬；對方若說「不買」，銷售員不覺得自己的問題很唐突嗎？另外，這是一個聚會，不是汽車展銷會。所以，銷售員的發問並不高明，他把自己帶進了「死胡同」。如果，這位銷售員換一種發問方式也許會有不同的效果：

銷售員問：「朋友你好，很高興認識你。」

對方回答：「你好，也很高興認識你。」

銷售員問：「剛到吧，路上還順利吧？」

對方答：「還可以吧。」

銷售員問：「現在的公共交通是方便了，就是人太多了，還是不太方便。」

對方答：「可不是嗎，本來是來參加宴會，出門時灑上的香水，一路上卻被弄上了亂七八糟的味道。」

銷售員問：「我以前也經常遇到這種情況，現在就方便很多。」

對方問：「請問您是從事什麼行業的？」

銷售員回答：「哦，我從事汽車銷售行業，有什麼需要我幫忙的儘管開口。」

對方回答：「哦，太感謝了，這段時間正準備買車呢……」

在這段談話中，銷售員把握住了發問的技巧，逐步掌握對方的心理狀態。在銷售員的引導下，談話內容層層遞進，雙方自然而然地就談到了汽車。同時，銷售員又通過對社會現象的同感引導對方和自己產生情感共鳴，對方也自然而然地會認為「他的車一定不錯」「他一定是個不錯的人」，不但購買銷售員的汽車的可能性很大，而且會感覺銷售員幫了自己一個大忙。

所以，如何發問是有訣竅的，是一件事情成敗的開始和關鍵。交際中的成敗並不在於話的長短，而在於說的是什麼。

聰明的人總是喜歡去傾聽，從傾聽中盡可能地掌握更多的知識，做到自己的話「有的放矢」。但生活中很多人並不喜歡傾聽，而是急切地發表自己的看法，這樣最容易忽視說話者的內容，最終的發言難免出現漏洞。在和對方的談話時應避免一些禁忌，如，當對方還在說話時就急於發表意見，當對方說完另一半話後才發現，原來自己的觀點和對方並不衝突。再如，當對方犯錯誤時，只是一個勁地批評，而不給對方緩和的機會，真相大白後才發現這樣的錯誤是不可避免的。

發問的三大訣竅

如何發問的訣竅，一般有以下幾種形式，讀者可作參考：

第一，避免對方直接式的回答。

直接式的回答就是當你提出問題後，對方不能以簡簡單單的「是」「不是」「對」「錯」「可以」「不可以」之類的詞語來回答，最好的辦法是要多用開放的、迂回式的方式發問，這樣做的原因有很多：

1. 若想從對方口中得到更多的資訊時，避免直接式的回答能讓對方在陳述時用盡可能完整的語言來描述事情的經過和自己的觀點。
2. 當你面對一個撒謊的人，避免直接式的回答時，對方會在表述過程中不自覺地露出馬腳，話說得越多漏洞會越大，尤其是意志不堅定的人更容易語無倫次。
3. 你希望和對方聊天時，若運用開放的、迂回的方式發問，不僅能讓雙方的談話內容有所增加，還會使雙方聊得很愉快，乃至在循序漸進的談話中達成某方面的共識。共同的愛好會讓雙方產生情感上的共鳴，這是談判時的一個最佳的開頭。

比如，你和一位生意夥伴會面，對方無意中說到自己近來對高爾夫情有獨鍾，接下來的話你該怎麼說呢？最忌諱的問法就是詢問對方的球技，或是把話鋒直接轉向生意，除非你在生意上是絕對的贏家。你最好接著對方的話茬，問球場的環境如何，自己也是個高爾夫狂熱者，自己打高爾夫的一些心得體會，或是一些高爾夫方面的趣事等。

4. 避免直接式的回答可以讓你贏得更大的利益。比如，你是一位冰箱銷售員，絕不要對你的顧客說：「先生，您想買雙開門的冰箱嗎？」之後，顧客可能會說：「不買。」你若換一種問法：「先生，您是想買雙開門的冰箱還是單開門的？」這時顧客就已經進入了你設的「圈套」，因為顧客的選項只有兩個，單開門或是雙開門。所以，銷售員很可能推銷出去自己的產品。

再如，每位法律系的教授都會告訴學生：「假如你是一位辯護律師，當你在盤問證人席上的嫌犯時，一定不要問你事先不知道答案的問題。」這是為什麼呢？辯護律師如果不事先知道明確的答案就盤問證人，會給自己惹來很多麻煩。辯護律師若是直接問：「那位婦女是你殺的嗎？」犯罪嫌疑人一定會說：「不是。」而在法庭上，辯護律師沒有絕對的證據，就會把自己弄得很尷尬。

第二，連串式的發問最能揭穿對方的謊言。

連串式發問就是快速向對方提出一系列的問題，之後請對方逐一地回答。這種形式的發問技巧能比較準確地窺探出對方真實的心理狀態，不僅能反映出對方的口才能力，還能反映出其思想的邏輯性和條理性。尤其是在撒謊或是心中有鬼的人，他的心裡是混亂不安的，在回答過程中最能自己說穿自己的陰謀。

例如，上司在例會上針對你之前的工作提出了質問：「你知道因為你的失誤給公司造成多大的損失嗎？這究竟是什麼原因造成的你想過了嗎？我認為這並非你的能力出現了問題，而是態度上的問題，不是嗎？你考慮過怎樣來彌補損失嗎？你能保證今後不出現類似的問題嗎？」當你面對這一連串的問題時，心情一定會很壞，而且來不及思考，就會接著去聽下一個問題，而且上司的每個問題在邏輯上都是層層遞進，如果是沒有充分的準備和良好的心理素質，你的回答一定會在某一個環節出現漏洞。

第三，重複式地發問。

ＦＢＩ（美國聯邦調查局）的員警們在審問犯人時，經常用的一招就是反復審問同一個問題，這樣也能比較準確地窺探出對方的心理。在面對員警的第一次提問時，罪犯會毫不猶豫地說出自己早已準備好的謊言，言辭也會鏗鏘有力。當員警審問第二次時，罪犯會依舊保持比較好的心理素質，還會振振有詞地把謊言重複一遍。之後，也許會在很長一段時間內不再問到這個問題，罪犯的防禦心理就會放鬆到正常狀態，認為這個問題已經過去了。但員警會在之後的某一個不確定的時刻進行「突然襲擊」，此時，罪犯的防禦狀態已經消失，要麼會情緒低落，要麼會突然緊張，所以就會不由自主地說出一些和之前不吻合的資訊。

二、高素質的廢話

「說得好不如說得巧」，這就是詞彙在交際中的重要性。不會說的縱使好話連篇也不能說服對方，會說的則是惜字如金，一語中的。在我們的交際語言中，無非就是面臨一些固定的語境——幾種場合、幾類性格的人、幾種年齡段的人、幾種說話動機，而在同一語境中，有些詞語是可以被套用的，只要你掌握了其中的用詞技巧，說服就變成了一件輕而易舉的事情。

說得好不如說得巧

交際中不僅要注重說話的方式，還要注重說話的內容。在你的言語表達中，詞句佔據著核心的內容，同樣的一件事，用不同的詞句表達就能體現出說話者不同的品味、能力、魅力，有時可能僅僅是一個字，也會產生不同的效果。

「先生，您吃飽了嗎？」

「先生，您吃好了嗎？」

僅僅是一個字之差，但體現出說話者不同的的生活格調、文化修養、優雅程度，給對方留下的印象也會不一樣。

「你看看，該來的還沒來！」一位領導很著急地說。這句話令周圍的賓客很不高興。

「我們的領導真是忙糊塗了，『還有幾個該來的還沒來』！」在一邊的秘書忙替領導解圍。

這時，賓客們都露出了微笑。

同樣一句話，領導說出來就讓很多賓客感覺很彆扭，而秘書僅僅是在領導的話上加了幾個字就消除了看似難以挽回的尷尬。詞句的魅力就是如此，一些事情的成功與否有時並不在於事情本身產生的利害關係，詞句的力量有時會佔據著重要的作用。在我們的交際語言中，有的詞句容易讓人產生歧義，有的容易讓人產生不安全感，或是讓對方懷疑你的辦事能力和人格品質等。如此，說服對方只是天方夜譚。以下為讀者列舉一些在交際中經常遇到的不宜說的話，以供讀者借鑒：

有的人會輕描淡寫地說：

「順便說一下……」

他的真實意思其實是這件事非常重要；

「大家都認為……」

這句話的言外之意是他自己認為事情應該如此；

「公平地說……」

事實上說話者是要告訴你，他之前的行為並沒有公平地對待你，或接下來可能要對你做出一些不公平的事了；

「這是公司的規定……」

這完全是一句藉口，說話者完全有能力或權利給你開一個綠色通道，只不過是不情願為你辦事而已，而更深的言外之意可能是他想得到一些「好處」；

「我向你保證……」

儘管這樣的口氣信誓旦旦，但總是給人一種不放心的感覺；

一個女孩對男孩說：

「不是你的原因，是我自己的原因。」

對於那些「過來人」來說，這樣的話一聽就知道女孩決定要和男孩分手了。

正中靶心的語言

美國著名的幽默作家威爾·羅傑斯曾說：「社會利益總是更多地向著會說話和會辦事的人那一邊傾斜。這是盡人皆知的公理，無須再從理論上證明。」的確是這樣的。一個善於措辭的人一定具有出色的口才，也一定能非常出色地說服更多的人來支持自己。

在措辭時有什麼技巧可言嗎？一定有的，只要你善於發現和總結，因為我們常說的話無非就是面臨一些固定的語境——幾種場合、幾類性格的人、幾種年齡段的人、幾種說話動機，在同一語境中，有些詞彙是可以被套用的，只要你掌握了其中的用詞技巧，說服變成了一件輕而易舉的事情。

那麼，在我們的交際語言中，哪些詞彙是可以被經常套用的呢？很多。本節將著重介紹三個——「設想一下」「就像」「例如」。在很多語境中，合理運用它們不僅可以提升你的語言組織能力，還能增強你的說服力度。

假如你是捐血小組的成員，你如何說，行人才會為你停下腳步，積極捐血呢？當然，你可以告訴行人「根據某位著名專家的研究，一個人在多長時間內捐一次血有利於身體的健康」或「現在我們的國家每天有多少病人面臨著缺血的困境，他們的生命就掌握在大家的手中」，再或「捐血就是獻出你的一份關愛」等，但這樣的話對很多人來說是司空見慣的事，並不會因此心動。如果，你對前來觀望是否要捐血的行人說：「當我們大家的父母、孩子遇到了疾病，需要馬上輸血，但是，醫院血庫裡的血不夠用了……」當你說完這樣的話後，一定會有很多行人為此駐足。

在這個語境中，捐血小組的成員通過設想一個真實而具體的語境，很多行人同情的情感細胞因此被激發，也就會成功說服大家積極捐血。在一般的交際用語中，「就像」這個詞語也具有同樣效果的說服效力。

美國有一位著名的科學家曾應邀為大眾做演講，但他在向大家講解探測飛船的飛行速度時說，「這種飛船能以每小時十七萬公里的速度飛向木星」。這是一個驚人的速度，但很多聽眾對此並沒有覺得特殊，甚至一臉茫然，因為在大家的腦子中，對這樣一個速度沒有任何的概念。而接下來，聰明的科學家又向大家解釋說：「它的速度就像從紐約飛到聖法蘭西斯科，時間只需要一分半。」這時，台下的氣氛開始活躍，聽眾無不發出驚訝的聲音。

在這個語境之中，普通觀眾對科學知識缺乏一定的深度認識，就不能形象地理解其中的知識，而當科學家把飛船的速度設立到真實的生活中後，大家的腦海中就會呈現出一個形象的畫面，就會真切地感受到其中的威力。

對於「例如」在說服技巧中的效力已經不需要多解釋，它往往能立即吸引聽眾的注意力和興趣，會給聽眾更具體、更生動、更真切的想像和感受。這樣的例子本書中的很多內容中都有所體現。

三、速度的定律

- 英國前首相邱吉爾曾說：「口才藝術主要分四大要素，而語速占第一位。」
- 一位出色的音樂家無須任何高妙的樂譜，能把從一到一百的數位用不同的速度唱出來，美妙的節奏可以傾倒每一個聽眾。
- 面試官對一位高材生說：「你的數學也許很優秀，但是我們不能錄用一個語速能力有問題的職員。」
- 犯罪嫌疑人為了不給員警插話的機會，並且混淆員警的思維，往往會加快說話的語速。

語速是一個人的能力

說話的速度與一個人的演講能力有直接關係，而一個人演講水準的高低直接影響到他的說服能力，所以，語速是一個優秀的演說家的關鍵。

能控制好說話的語速是人生的一筆財富，很多成功人士都很注重這一點。英國前首相邱吉爾曾被美國雜誌《展示》列為近百年來世界最有說服力的八大演說家之一。無疑，他一生顯赫的名望與他的演講才能絕對分不開，這樣的結論並非空穴來風。邱吉爾曾在一篇關於口才的論文中認真地分析和論證了口才藝術的問題，並且他還得出過一個結論：口才藝術主要分四大要素，而語速占第一位；一位傑出的義大利音樂家站在臺上並沒有唱歌，而是把從一到一百的數字有節奏地唱了出來，最後傾倒了所有的聽眾，全場掌聲不斷，甚至有的聽眾感動得流下了眼淚。這就充分說明了語速的魅力所在，其中具有深刻和豐富的表現力。

這裡還有一個有趣的故事：

林肯和道格拉斯在競選的辯論接近尾聲時，很多跡象顯示林肯似乎沒有什麼優勢，但是最終的獲勝者還是林肯，他利用了什麼妙招呢？

林肯在演說中突然停頓下來，默默地停了足有一分鐘，他望著面前那些半是朋友半是旁觀者的選民。然後以獨特的單調聲音說：「朋友們，不管是道格拉斯法官或我自己被選入美國參議院，這都是無關緊要的，但是，我們今天向大家提出的這個重大的問題才是關係到我們民族最重要的問題，遠勝於任何個人的利益和任何人的政治前途。朋友們——」至此，林肯的演說又停了下來，而所有的選民們屏息以待，唯恐漏掉了一個字。「即使道格拉斯法官和我自己那可憐、脆弱、無用的舌頭已經在墳墓中安息，這個問題仍將繼續存在……」

就這樣，林肯利用適當的停頓，合理地把握住了語速，所以最終獲得了成功。

相反，在語速上控制得很糟糕的人，也會給自己的人生帶來不必要的麻煩。

一位面試者在回答面試官的問題時說：「我曾經在奧林匹克數學競賽中戰敗對方獲得第一名。」面試官聽了他的回答後說：「很抱歉數學天才，我們不能錄取你！」這位面試者用很驚訝的口氣問：「為什麼？難道我還不夠優秀嗎？」面試官沉思了一下說：「你的數學也許很優秀，但是我們不能錄用有一個語速能力有問題的職員。」

原來，面試官並不能從面試者的話中聽出，是對手打敗他，獲得了第一名，還是他戰敗了對手，獲得了第一名。面試者的語速也許是失誤，但面試官有足夠的理由拒絕他，因為一個小小的問題有時能發引出諸多方面的問題。

發揮語速的力量？

一般來說，速度快的人善辯、積極，而速度慢的人沉穩、木訥，當然這只是一般的情況，事實上要比這複雜。罪犯在面對員警的質問時，總是語速很快，而不會慢騰騰的。從心理學的角度看，罪犯的語速加快是因為心中的消極情緒在作怪，怕員警覺察出異常情況，他的語速加快是為了不給員警插嘴的機會，讓員警來不及用更多的時間思考自己的口供，也就更容易混淆員警的思維。事實上，罪犯在語速加快後就沒有充分的時間整理自己的語言內容及邏輯，所說的話就會漏洞百出，所以就很難令員警信服。那些平時能言善辯的人，有時說話卻結結巴巴，這是因為他的內心必定隱藏了一些不可告人的秘密。

總之，當一個人說話的速度比平常快時，預示著他目前處於積極的狀態，而當一個人說話速度比平時慢時，可能是處於著消極的狀態。但是，前者是「急於釋放」，所以注意力就會專門集中在語言的傾訴上，語言沒有經過情緒的過濾，語速自然會加快。後者是因為心中充滿思慮，就會揣摩如何把最有力、最精確的語言傳達給對方，注意力就會分擔到情緒的表達上，所以語速自然會降下來。

只是這麼簡單嗎？並非完全如此，倘若一個胸有城府的演講者突然加快語速，則說明他接下來說的話是一些無關緊要的內容，而對於要強調的重點和希望引起別人重視的話時，就會放慢速度。當然，當一個人說的話沒有太大說服力時，這樣做也會取得較好的效果。

很多人在工作中經常遇到這樣的情況：自己對某個項目十分感興趣，覺得一定能把這個項目做得非常好，但面臨的困難是如何說服他的上司——很多環節若是得不到上司的允許和資金支持將會難以實施。在向上司請示時，又因為自己的經驗和時間不足，並沒有太詳細的專案規劃。當遇到這種情況時，你不應該過分地敘述方案的詳情，而是要簡明扼要地介紹一下方案的大體概括和進展步驟，不要過多地涉及細節。這時的語速要儘量快一些，上司會初步認為你的大體方案是可以實施的，只是細節上可能還沒有充分準備，否則，你的上司會在你不斷敘述的過程中覺察出很多漏洞。

或許，以上事例的情況是人在聽覺上的一種本能反應，而它又會直接影響到一個人的心理狀態。一位叫米拉的心理學家曾經做過一個實驗：他事先錄製了兩個播放速度不一樣的推銷錄音，將其在超市裡播放。最後發現：當顧客聽到快速商品推銷的錄音會比聽到慢速的錄音更容易引起購買衝動。這也就說明：在特定環境下，語速會對人的心理及思考產生一定的改變和誤導。

事實上，這種情況在生活中經常發生，我們會在無形中受到這種情況的蒙蔽，尤其是在消費活動中更容易遇到。比如，很多推銷員就經常對顧客使用快速的「語言攻擊」，這樣更容易把自己的產品推銷給顧客，推銷員會在顧客面前口若懸河地介紹自己的產品性能是如何如何的好、如何如何的物美價廉、是當前最新型的款式、在幾天之內已經銷售出去了多少等。而顧客對推銷員快速推銷的語言來不及反應，腦子中只是被「這個產品不錯」的印象包圍著，所以經不住誘惑就會買下。當你買下產品之後，推銷員就會如釋重負，快的語速也會消失，而你在很短的時間內就會發現這個產品有諸多的毛病。

語速三忌

不同的場合運用不同的語速會取得不同的效果，這也是我們生活和交際的手段之一。但是，不管在任何情況下，有幾種語速是人們不能接受的，以下為讀者主要介紹幾種，希望引以為鑑。

第一，「機關槍式」的講話。

很多人的思維敏捷而且嘴皮子利索，他和對方交流時就會像開機關槍一樣喋喋不休，根本容不得對方插話，好像這是他一個人的演講。這種講話方式會讓對方很難受，一是自己的觀點根本無法表達，感覺對方不尊重自己，二是快語速讓自己來不及思考，一致認為對方的邏輯混亂。所以說，這樣的談話對於其中的一方來說就是聽覺壓力，也難以讓對方信服，甚至會產生反感。

第二，有氣無力的講話。

和上面情況相反的一種人就是說起話來慢慢騰騰，一句話能分成幾次說。這種說話方式給對方留下的印象就是辦事效率不高，生活能力差，對方不僅不願意聽，還難以信服。

第三，沒完沒了的講話。

有的人說起話來，每一句的語速適中，但整體上的講話速度會顯得很快，這是因為在講每一句話後的間隙很短，而是一句接一句，沒完沒了。這種人也許是一位優秀的演講家，但要清楚雙方是在交談，並不是演講。這樣的談話方式也會冷落對方，儘管不會像對「機關槍式」講話那樣讓人厭惡，卻也會讓對方感覺到自己受到了冷落。

四、給大腦積極的語言

嗓音是身體的音樂，語調是靈魂的音樂。當一個人要強調自己的講話內容時就會有意抬高聲音，聽眾也會下意識地覺察到，對方的講話可能是重點；當一個人不在乎對方時，說話的聲音就會很低，甚至聽起來含糊不清。從心理學上講，語調高的人通常支配欲很強，喜歡以自我為中心，很會「頤指氣使」地對別人發號施令；語調低的人性格內向，懂得壓制自己的情感，時機不到絕不會隨便說出自己的看法。

語調的五要素

語調通常表現現在五個方面：速度（語言的快慢）、音量（聲音的大小）、音高（聲音的高低）、音變（聲音的變化）、音質（聲音的和諧度）。在我們的交際中，若能把握好這些語言要素，說服對方時就能取得良好的效果。

語速

一個人的語速很快時通常表達出的是急切、震怒、興奮、激昂的情感，而這也會讓對方產生亢奮的心理和緊迫感，或者是無法理解你所要表達的含義；一個人的語速過慢通常是在表達沉鬱、悲哀、思索的情緒，講話者的語言邏輯會變得慢條斯理，聽眾也可以細細品味，但過慢的語速會使聽眾產生萎靡不振的情緒。

音量

說話的音量高可以提升自身的說服效力，震撼到對方，而在不恰當的場合下會給人一種咄咄逼人的氣勢；輕聲細語的音量則會給人親切、平易近人的印象，但音量過小會降低說服的力度，對方會認為你的能力有限或理由不充足。

音高

高亢尖銳刺耳的聲音會刺激到對方的神經，使他產生緊張的情緒；低沉粗重的聲音會麻痺對方的神經。這兩種情況都會產生積極或消極的效果，因人而異。

聲調

抑揚頓挫的聲調是很多人喜歡聽到的聲音，它不僅能表達出說話者的興趣和熱情，還會使聽者產生賞心悅目的感覺；平直呆板的聲調則會讓對方感覺到說話者的言語平淡無奇、毫無力度，即會產生枯燥、厭倦的情緒。

音質

講話者的音色純正不僅僅便於對方傾聽，還能讓他產生舒適、愉悅的心情，從而對講話者的觀點產生贊同和信賴的心理；而沙啞、尖細等音質對很多人來說就是一種聽覺污染，會產生一種抗拒的心理，這在無形中就會懷疑說話者的言辭。

根據以上的介紹，在我們的交際法則中，說服對方時就可以運用不同語調帶來的不同效果來達到目的。

語調高低的原因

一位日本的作曲家曾經說過：「當一個人想反駁對方的意見時，最簡單的方法就是拉高嗓門——提高音調」。的確如此，這樣的情況讀者一定不難理解，很多人在爭辯時，總是借著提高音調來試圖壓倒對方；也沒有一個演說者站在臺上時聲音不是充滿高昂和激情，否則他就不是一個優秀的講者；而做過虧心事的人，在向對方的質問而申辯時就會不自覺地把聲音抬高，似乎在告訴對方我沒有什麼可慚愧的。這樣的例子很多，不同的語調會出現在不同的場合和不同的人身上，不同的人會在不同的情境下發出不同的語調，而如何運用語調來表達自己的思想並且說服對方，這其實代表了一個人的身份和能力。

從人的生理結構上講，從人一出生就擁有語調，嬰兒的啼哭聲就是在表達一種情緒。但是，隨著年齡的增長，人的精神結構逐漸成熟，而語調就會隨之相對地降低。嬰幼時期甚至是到青少年時期，人的語調會比較高，其實這是人類情感本能和任性的表現。這個階段的人在表達情感時聲音總是很高，尤其是在表達不滿情緒時甚至會發出尖叫，因為此時他們的生活中無所顧忌，不需要考慮對方是否接受，不需要顧及這樣做的後果，這樣的行為只是一種純粹的情感宣洩。當一個人長大之後，就逐漸掌握了抑制「任性」的能力，他們會克制自己的情感，顧及對方的情感，會對自己過去的行為負責，所以，在說話時的語調也會隨之降低。但是，在意外情況下，一個成年人的語調也會突然提高，這是因為他要表達強烈的情緒，暫時無法抑制自己任性的表達欲望，此時的心理狀態也就回到了青少年時期。

從此就可以得出：一個人講話時語調的高低與生理和心理的狀態有直接關係。

既然抬高音調是情緒強烈所致，但在此種情況下，接受方該如何做呢？研究證明：假如有一方有意抬高說話語調，另一方就要儘量壓低語調（不能低得對方聽不見，這樣則是沒自信或沒誠意的表現）。為什麼這樣做呢？因為語調高的一方此時心情一定不平靜，急於爭辯或傾訴，只有一方降低音調，才不至於和對方發生衝突，起到緩和氣氛的作用，談話也才能順利進展。生活中很多人經常遇到這樣的情況，本來就處於弱勢群體或有求於人，而對方的語調又明顯壓人一頭，這時候你就要有意降低音調，千萬不要抬高自己的語調，否則，你的請求將會沒有一點希望。

從以上的兩個方面可以看出，一個人的音調的確是和心理、生理有密切關係的。簡單地說，一個人內心舒暢時聲音就會變得清亮和暢，心情不好時音調就會變得高低無常。這同時也就告訴我們，交際中我們完全可以根據對方的音調來操縱他的心理，這樣就可以隨之調整自己的講話內容及方式，說服對方也是勢在必得的事。

一天，林肯總統正在低著頭擦自己的靴子，一位外國外交官看見便嘲諷道：「喂，偉大的總統先生，你經常擦自己的靴子嗎？」「是啊，」林肯總統淡淡地笑道，「那我應該擦誰的靴子，你經常擦誰的靴子呢？」這位外交官聽後啞口無言。

其中，林肯總統面對對方的嘲笑卻顯得很從容，在他的回答中有意地抬高了「自己的、誰的」的音調，這樣一來，不僅轉移了對方的發問的目的，又強調了自己的講話重心，讓本來使自己很尷尬的局面轉移到了對方身上。這就是語調的力量。

不同的語調，不同的人性

通常情況下，一個人談話時音調的高低源於自身的性格，或者說，有什麼樣的性格就會造就什麼樣的說話語調。要說服對方，關鍵要瞭解對方的性格和心理。以下針對一般情況下音調與性格的關係做簡單說明，僅供讀者參考。

第一，音調高。

音調高的人一般性格外向，不愛掩飾自己，說話直來直去，也常因此得罪人，但他很難改變這種說話方式。這類人的優點就是人品正直、光明磊落、有很強的責任心，所以值得大家信賴。不過音調高的人一般分兩類：一類人具有領導氣質，他們甚至有一定的鼓動性和煽動性，所以說這類人的說服力很強；一類人是自身素養不高，只知道胡說八道，這種人說話儘管語調很高，但沒有一點說服力，甚至會令人生厭。

第二，音調低。

說話音調低的人一般比較陰鬱，十分陰險，沒有氣量和風度，甚至會為雞毛蒜皮的小事和朋友絕交。這種人也有兩類：一類是「陰謀者」，為人處世一般不會流露出真心，喜歡戴著有色眼鏡看人，也很容易和你翻臉，有一種不達目的誓不甘休的心態，甚至會不擇手段，所以說，這類人很難被說服；另一類人是性格內向靦腆，甚至優柔寡斷，做起事來一般都小心謹慎，甚至警惕性很高，這類人雖然稱不上小人，但也很難說服。

第三，音調突然變低。

有一類人講話時的音調會突然降低，原因有二：一是情緒出現反常；二是思維混亂。經常出現這種情況的人一般會缺乏自信心，情緒波動比較大，心理承受能力也很差，而恰恰是這個原因，這種人很容易被說服，因為不自信是這類人通常的表現。

第四，音調突然變高。

音調突然變高的人說話辦事都非常有耐心，工作上也十分認真，一旦確定好的事情便會毫不猶豫地去完成。他們會積極地思考，並去找出合理的辦法解決。他們還是一個優秀的傾聽者，對於別人的談話會認真地傾聽，邊聽邊思考，若是有疑惑也會及時地提出來。不過，他們的缺點就是有時會有些固執，會因為一個疑惑而糾纏不休。這種人並不好說服，但並非不講道理，只要你的理由充分，他也會接受你的觀點和建議。

一個人在說服別人時，不同的場合下對語調的發揮也不同，比如雙方在談論輕鬆愉快的事情時，語調要保持明快爽朗；而雙方談論傷心的事情時，語調低沉緩慢；對於辯論場合下或給予對方鼓勵時，語調一定要抬高且音色飽滿……只有在不同場合下運用不同的語調，才能向對方表達出自己豐富的內心情感，自己的言語才更有說服力。

五、講好一個故事

人們從小都不愛聽大道理，而喜歡聽小故事，喜歡聽著故事入睡，即使是傳說或神話，也常常會信以為真，甚至會被其中的情節深深感染。美國現實主義文學家馬克·吐溫（Mark Twain）也說：「再也沒有比好例子、好故事更容易讓人接受了。」

心理學家和神經科學家對此產生了濃厚的興趣，為什麼人類熱衷於傾聽故事呢？故事為什麼能影響到人的信念和決定？這個問題令專家很棘手，他們普遍認為這根源於人類的進化過程。人在不斷的進化過程中，其認知和經歷能夠使人們對故事情景、內容和角色產生心理上的認同感，合適的故事能夠引起人情感上的共鳴。所以，在我們的交際中，故事會具有獨特的力量，它會調動人們的情感和移情能力。那些精明的人總是會在講話中用故事來說服別人，似乎起到了一種「四兩撥千斤」的力量。什麼樣的故事最具說服力呢？在很多人眼裡莫過於名人說過的話、做的事，這些似乎是一種表率和榜樣，有著絕對的權威性和不可反駁性。

名人故事

作家吳曉波在其著作《激蕩三十年》中講述過這樣一個故事：

在中國改革開放之初，深圳除了優惠政策外沒有任何發展優勢。當時，在任的領導人精心研究後做了一個決策：用出租土地來賺錢，因為當時深圳規劃的可以開發的土地有一百零一十平方公里。但問題在於，改革開放的初期政治形勢還比較緊張，出租土地在全國沒有先例，沒人敢吃這個「大螃蟹」。

反對者占大多數，他們認為：出租土地就是讓資本家來這土地來牟取暴利，在我們的社會主義國家不能出現。甚至一些從內地到深圳考察回來的老幹部都說：「深圳除了國旗是紅的，其他都看不出一點社會主義的顏色了。」

不出租土地，哪裡有錢去發展經濟呢？為此，一位房地產的幹部徹夜不眠，他翻遍了馬恩列斯所有的著作，結果在《列寧選集》中發現：「住宅、工廠等，至少是在過渡時期未必會毫無代價地交給個人或協作社使用。同樣，消滅土地所有制並不要求消滅地租，而是要求把地租出去——雖然是用改變過的形式——轉交給社會。」

最後，深圳的領導就大刀闊斧地實施了土地的出租政策，而深圳的很多領導都能把這段話背得滾瓜爛熟。每當有人質疑時，他們就搬出《列寧選集》，告訴質疑者，這是列寧同志的觀點。

反對者既然拿著政治觀點向改革者質疑，那麼，應對改革者最好的辦法也是政治觀點——列寧理論。同樣的反對者，同樣的改革政策，只是運用了名人效應，結果截然不同。還有一種運用故事說服別人的方法，即前車之鑒的故事，這似乎是一種更客觀的證據，更有說服性。

歷史教訓

三國時期，曹操很喜愛曹植的才華，所以他就想廢掉曹丕立曹植為太子，但他對此事不是很有把握，一時間難以決定。一天，他找來了賈詡，想徵求他的意見。曹操就把要廢曹丕立曹植的想法向賈詡說了一番，賈詡聽後覺得此時很難表態，無論同意不同意都有可能對自己不利，他沉思了很長時間也沒有說話。這時，曹操急了就問：「賈詡，你有什麼看法，為什麼不說話呢？」賈詡遲疑了一下說：「我正在思考一件事。」曹操又問：「是何事呢？」賈詡一字一句地說：「我在想當年袁紹、劉表廢長立幼，結果招致了天災之禍。」曹操聽後哈哈大笑，從此絕口不提此事。

賈詡若直接迎合曹操的意思，一來對不住蒼生社稷，二來事後可能會招來曹丕的嫉恨；若賈詡不同意曹操的意思，則可能遭到曹操和曹植的排擠。在此，賈詡用了隻言片語卻道明瞭一個故事，既間接表明了自己的立場，又沒有招來任何麻煩，並讓曹操心服口服，無言以對。這就是故事在說服中的魅力所在。

社會性的說服力

美國國會議員彼得．金曾經召開了一次聽證會，目的是要調查在美國伊斯蘭激進分子激進化問題之前，國會議員凱斯．埃裡森在媒體面前對此發表的看法。凱斯．埃里森認為：伊斯蘭激進分子受到了聽證會的不公正評價。凱斯·埃里森針對此問題闡述了自己的理由，他為了證實自己的說法，舉例穆罕默德·所羅門·哈姆達尼的故事作為例證。在「九一一」事件中，這位阿拉伯裔的消防員為解救雙子塔中的被困人員犧牲了年輕的生命。很多人卻只是強調所羅門·哈姆達尼對伊斯蘭宗教的狂熱信仰，而掩蓋了他對國家和人民安全的貢獻，凱斯·埃里森對此也進行了直言不諱的揭露，這就是對伊斯蘭激進分子嚴重片面的評價……當大家聽過凱斯·埃里森這個故事後，贏得了在場大多數人的支持。

從中可知：活生生的現實故事也是一種極有力度的說服方法。

在一個人的演說中融入故事不僅是一種演講能力，也是一種演講技巧，而這種技巧是可以通過學習來掌握的，以下給讀者提供幾點參考意見。

1. 觀點明確。在演說中，任何一個故事不僅要生動有趣，還要有明確的觀點，這才能讓對方傾聽之後有所感悟，從而心服口服。什麼觀點才是好的呢？要具備幾點要素：一、你知道它好在哪裡；二、你希望別人聽到後有什麼改變；三、別人為什麼會為此改變。你可以想像一下那些精明的傳教士，他們在禮拜日時總會利用這一技巧來說服別人。

2. **故事恰當**。要想用故事說服別人，就要說一些與你所表述的觀點最接近的故事，此時，你的故事甚至就是一個強有力的觀點，這種情況下才能起到事半功倍的效果。

3. **將故事融入敘述**。如果你只是乾巴巴地講故事，而不能將每一個觀點和一定的故事情節聯繫起來，對方會感覺你講的話很混亂，縱使觀點多麼犀利，故事多麼生動，也會降低自己的說服力。

4. **帶有激情**。你也許不需要手舞足蹈的表述，但在講述故事時一定要具備一定的激情，尤其是在講到重點情節即能表明自己觀點時，可以有意抬高音調或稍作停頓，這樣才更能引起聽眾的注意力。

第四章

逃不掉的微反應

像青蛙一樣去思考，你就讀懂了池塘。瞭解了對方的動機和想法，能夠做出相應的反應，你才能說服對方。說服以聲音開始，以行為結束。在雙方的博弈中，你的語言是否到位，就決定了你與對方的交流是否暢通。能表達出最對的意思，你其實就贏了一半！

洗腦技巧

一、蓋不住思維的「帽子」

- 「人靠衣裝，馬靠鞍」。一個人的衣著風格不僅是其精神氣質、身份地位的體現，還會給對方造成不同的心理活動。一個人的穿衣風格不僅能表現自己對對方的態度，還能對對方的心理起到影響和說服的作用。這就是讀心法則在衣冠上的秘密。

- 經濟學家指出：衣著就是一個人的「第二皮膚」，它可以讓一個人由表及裡的內心情感和微妙變化暴露無遺。

- 在雙方的交談中，人們往往會把80%到90%的注意力放在對方的衣著上，會從中有意無意地發現對方的語言上沒有洩露的秘密。

- 不注重打理衣著的人就是對對方的不尊重，接下來的談話要比你設想得糟糕得多。

衣冠決定印象，印象決定成敗

英國有一句諺語：「衣冠楚楚是最好的介紹信。」的確，當你在和對方互換名片之前，雙方已經對彼此有了一個很難改變的初步印象。在我們的第一印象中，一個人的衣冠所包含的資訊能夠刺激對方的視覺器官，會使對方產生最直觀的視覺心理。它並不像語言的表達那樣，講話者說一句，對方聽一句，衣冠所傳達的心理活動並非逐步深入的，而是一個整體的完整性。所以，衣冠傳播資訊和暗示作用的速度要比講話更快、更完整。它比起自我介紹或名片上的標明資訊來說，接受者的心裡似乎更容易堅信自己的眼睛所做出的判斷。

你在對方的眼裡如何，第一印象會起決定性的作用。一個人著衣的品味高雅、端正整潔，會在第一印象上壓倒對方。人與人之間的任何一次會面都是有目的的，當然，不完全單純是指經濟上的利益。不管怎樣，利用著裝來「吸引對方的好感，震懾住對方」則是一種最好的潛在的說服法則。

當要和久違的情人見面，你都會精心地打扮一下自己，甚至是為了敞開外衣還是扣上扣子而磨蹭半天。參加聚會、面試、婚禮、談判等一些重要場合，你都不會忽略衣冠這一環節，甚至會在上面花費大部分的精力。你之所以會這樣不厭其煩地做，無非是為了增加自己的魅力，讓自己的言行更具說服力。另外，還有一個本能的原因即人人都喜歡美的事物，這尤其會體現在對別人的品評上，而衣冠就是首當其衝的品評物件。即使一個人本身並不美，但他也會嚮往美，並會對美的事物做出判斷和鑒賞。

這一特質並非是人的「以貌取人」的偏見，而是由人類基因遺傳的性質決定的，專家發現，就連那些剛出生的小嬰兒，他的眼睛也會在美麗的事物上多停留幾秒鐘。還有一位心理學家在曾經做過這樣一個實驗：讓同一個試驗者分別做出不同的衣著打扮，然後去尋求路人的幫助，結果發現衣冠楚楚、乾淨整潔的打扮時要比不修邊幅時成功的機會高得多。

相反，想必在衣冠上遭遇滑鐵盧的尷尬很多人都碰到過。不修邊幅、不合禮節的著裝會讓一個人的形象大打折扣，不僅有損自身的氣場魅力，也是對對方的不禮貌，甚至是一種侮辱。在生活中，恰恰有用不合禮節的衣冠達到了羞辱對方的目的，他就是美國的五星上將麥克亞瑟將軍。

一九四五年「八一五事件」以後，美軍登陸日本，而美軍的統帥麥克亞瑟將軍在會見日本天皇時，身著西裝卻沒有繫領帶。我們知道，領帶是男士著裝中的關鍵，被稱為西裝的「靈魂」，所以說，麥克亞瑟的這一「失禮」的著裝在日本朝野引起一片譁然，很多人都為此憤憤不平，指責這是美方對日本天皇的傲慢無禮。

不單單是在政治上產生的反映，這種行為在生意場上甚至是更多的場合都如此。實際上，有意的打扮，衣冠的得體與否源於自己的需求，故意地不合禮節是對對方的侮辱，相反則是對對方的尊重，這也恰恰是說服對方的有效手段。

如何要求自己的衣冠風格，這要因時而異，因地而異。一位在生意上卓有成就的商人曾經說出了自己在著裝上的心得：「我在家裡從來都是穿著T恤衫和牛仔褲，有時乾脆是短褲，這樣的裝束才能體現出我的真正性格。但是，我一旦要和客戶見面時，就要一定穿著得體。在穿著上，我不會有意去壓到我的客戶，而是儘量在著裝上找出我們之間的相同點。」很顯然，這位商人很懂得著裝上的生意經。他並不是要求自己用鋒芒畢露的著衣風格去說服、壓倒生意夥伴，而是用一種「相似性法則」在雙方之間尋找默契，通過雙方衣冠上的距離拉近心理上的距離，最終拉近生意上的共識。這就是一種說服技巧，而這種技巧在歷史上也早已有之。

在美國獨立戰爭時期（一七七六～一七八五年），第一任大使班傑明．富蘭克林出使法國，目的是要遊說法國國王作為美國的盟友，以便美國早日擺脫英國的殖民統治。這一政治任務對於當時處於初創階段、勢單力薄的美國來說並非一件易事，因為法國不願成為海軍實力最強大的英國的敵人。

富蘭克林到達法國後，他首先把自己從頭到腳包裝了一番。他的頭上戴上了假髮，臉上打上了粉底，身穿法國的民族服裝，甚至還雇上一輛法式馬車在大街上到處溜達。不久，不出富蘭克林所料，他的舉動被傳到了國王的耳朵裡。

第二年，美國的第二任大使約翰．亞當斯出使法國，但他卻以一個標準的美國人的形象在法國工作，並對富蘭克林近乎同化了的「法式形象」不屑一顧。

後來，美國官方再次派遣亞當斯去法國進行一場談判，但法國官員以「不滿亞當斯過去的行為且他缺乏充分的適應能力」為由讓亞當斯吃了閉門羹。而法國人非常喜歡富蘭克林，認為他非常尊重和熟悉法國文化。隨後，美國又派富蘭克林出馬，美法雙方很快就達成了共識。也正是富蘭克林的這種超人說服技巧，使得美國得到了法國的支持，最終讓美國擺脫了英國殖民的統治。

衣冠上的說服技巧

衣冠是一種豐富的語言交流模式，直接展示、間接暗示、情緒感染等是常用的非語言交流手段。而利用衣冠上的技巧來說服對方也並非一件難事，發揮得恰當，既能達到自己的目的，也不會將情緒暴露得過於張揚。

普通人或是在一般的場合下，我們似乎並不在意一個人在衣冠上的變化會反映出他的心理暗示，或是會牽扯出多大的利害關係。但是，在正式的場合下，尤其是在那些高端的會面或政治場合下，衣冠要表達的非語言資訊就非同小可了。那些精英們都是極其重視自己的衣冠，甚至包括鞋子的款式。不同的精英們不僅注重衣冠上的各種細節，還特別會利用衣冠風格來說服對方，從而實現自己的謀策，這似乎成了說服技巧中的一個關鍵要素。

美國前總統雷根常常忠實於寬肩膀的「美國製造」的西服、傳統的白色襯衫、繫得很緊的領帶。專家們認為，這是雷根總統在向民眾們傳達自己是一個純樸、隨和、保護力很強的總統。

法國前總統希拉克曾經在參與總統競選時，拍了一張穿著翻領運動衫、臉曬得黑黑的政治照片。他的目的是什麼呢？向民眾傳達出，他們應該選舉他這樣一位堅毅、樸素的總統。

法國前總理巴爾曾經特意讓人給他拍過一張照片：在藍色海岸上，他身穿短褲，手提菜籃採購時的照片。這樣的衣冠風格目的很明顯，即向那些擁有大量人口的中產階級宣揚自己關心、體察人們生活的親民之心。

這些精英們別有用心的衣冠風格的確是一種高超的說服技巧，即使人們知道這是一場政治秀，但還是避免不了對他們的智慧的欽佩，還是會不由自主地服從、支持這樣一位領導。一個人天生擁有英俊或漂亮的外表是他的資本，但這並非他的能力所現。一個有能力的人往往會通過衣冠上的風格使自己變得更具魅力，而非僅僅局限於美麗的外貌。

在衣冠的考究上大費心思，做得最出色的政治家並非以上這些人，而是法國總統戴高樂。

在一次特殊的場合，他通過一反常態的衣冠風格來煽動民眾的情緒，最終說服民眾。戴高樂在衣著上通常穿三件套的西服，而在一九六一年的一次電視講話上他並非如此。電視上的戴高樂穿的是一身軍裝，這是在搞什麼名堂？原因很簡單，因為有人要蓄意發起一場政治變革，而戴高樂不便在正式場合說出這些幕後操縱者的陰謀和名字。這樣一來，戴高樂在語言上受到了一定的限制，於是他就一反常態地通過穿軍裝來示意民眾：目前，大家面臨著緊張的政治形式，希望各位要提高警惕，分清自己的政治立場。戴高樂的最終目的其實是在暗示民眾要支持自己。另外，戴高樂的軍裝上還特意戴上了肩章和飾帶，這就是在向民眾彰顯自己應對這次政治變革的決心和力量。

在這次電視講話中，戴高樂的做法再合適不過了。他既沒有明顯的舉動，電視機前的民眾也會對此心領神會，甚至對那些政變的幕後操縱者產生一定的震懾作用。所以說，戴高樂的此舉有一種「無聲勝有聲」的說服力度。

最後，再給讀者介紹一種「動態的衣冠暗示」。有的讀者也許會發出這樣的疑問，當兩個衣冠楚楚的紳士在會面，在雙方的衣著講究上挑出任何一點瑕疵，「衣冠說服術」難道在此就無從談起了嗎？不是的，當面對靜態的衣冠打扮無從下手時，我們要把注意力轉移到一個人和衣冠之間發生的動作。

一位著名的心理學家曾經做過一個實驗，他拍攝了數千次生意談判的場面，最後得出了一個驚人的結論，即他能通過簡單的觀察而斷定雙方生意的成敗。究竟是什麼暴露了成敗的先機呢？心理學家指出：在談判中的雙方，若是一方脫下了西服，就說明他即將妥協，或認為「看來只能如此了」。而他在向對方妥協之前，會把領帶向下拉一拉，使脖子輕鬆一點。若雙方都脫掉了西服，則證明雙方都有壓力，則可能會互相妥協，此時生意也最容易達成共識。當然，若是室內的溫度和環境不適的話，這種判斷法則就要作廢了。

當一個人從中掌握了對方的心理動向，那麼，就能採取相應的應對措施，而說服對方也就是一件順理成章的事情了。

遵守正裝法則，說服力大增

不恰當的著衣方式不僅會暴露出一個人的無知和淺薄，還會削弱自身的氣場，降低自身諸多方面的說服力。這無疑是交際場上的一個敗筆。

尤其是對於男士而言，出席正式場合的次數相對更多，而服飾的樣式相對女性而言更少，但這並不代表男士在衣著上的相對隨意，恰恰是更嚴謹和苛刻，也更容易出差錯。法國時裝設計師皮爾·卡丹就曾特意指出了男性在正式場合下的著裝最易犯的六大毛病：褲角過短，顯得腿短而重心過高；褲襠太大，顯得拖拉；襯衣領太大，顯得鬆垮；領帶與服裝顏色不協調；西服上衣袖過長，顯得不俐落；鞋與服裝不配套。

隨著社會經濟的發展，女性在社會交際中也占著越來越重要的地位，也相應地產生了一系列在正規場合下的著衣法則。以下就男士、女士在正式場合下的著衣法則作以說明，僅供大家參考：

女士著裝法則：

1. 要關注時裝潮流，但不要陷入時尚。
2. 衣服可以不昂貴，但一定要優雅、乾淨、整齊，再昂貴的衣服若是不整齊、有線頭也不會穿出風度。
3. 不要穿得過於暴露，尤其不要露出自己的紋身。
4. 飾品不要戴得太多，這樣會讓人覺得你太虛華且花俏。
5. 不要穿露肚子的衣服，不要穿拖鞋以及露腳趾的鞋子。
6. 鞋子一定要乾淨，尤其注意鞋幫後部，髒鞋子容易讓人覺得你生活邋遢，即使你別的部分很注重打扮，也因此失彼。
7. 鞋跟的高度一定要合適，不要特意為了增高或漂亮而穿跟很高的鞋子，若是走姿不漂亮，反而會適得其反。
8. 頭、臉、手等露出來的部位一定要保持乾淨整潔，這些也許能看出一個人的「本質」。
9. 香水不可太濃，重味道的香水只是給人一瞬間的美感，但長時間就會令人不舒服。

10. 不要在公共場合整理自己的儀容及化妝。

11. 手提包最好是皮製，最得體的顏色是黑色、棕色和暗紅色，一般來說其顏色應與鞋子搭配。有些女士的手提包非常漂亮，且很昂貴，但裡面放置有序，猶如「百寶箱」，這也是大忌。

12. 在顏色的選擇上，職業套裙的最佳顏色是黑色、藏青色、灰褐色、灰色和暗紅色。精緻的方格、印花和條紋也不錯。而紅色、黃色、淡紫色的兩件套裙要慎穿，因為這些顏色過於搶眼，而且不好搭配。

13. 穿裙子時應配以長筒絲襪或連褲襪，顏色以肉色、黑色為宜，一般來說肉色長筒絲襪配長裙、旗袍看起來最為得體。尤其要注意的是，絲襪的大小一定要合適。有些女士會在公眾場合整理長筒襪，這也是很失優雅的舉動。需要提醒的是，應隨身攜帶一雙備用的透明絲襪，以防襪子拉絲或破洞。

14. 鞋子的挑選上一定要舒適、美觀、大方。尤其是正式的場合不要穿涼鞋、後跟用帶繫住的女鞋或露腳趾，鞋的顏色應以黑色、藏青色、暗紅色、灰色、灰褐色為宜，而且應與衣服下擺一致或再深一些。這樣還會顯得人更高一些。

男士著裝法則：

1. 社交場合服裝色彩數量的選擇上應當遵從三色原則，即西服套裝、襯衫、領帶、腰帶、鞋襪的顏色加起來一般不應超過三種。
2. 西服和襯衫的尺碼比例一定要協調。
3. 不要穿棕色的西服，大面積的棕色讓人視覺上很不舒服。
4. 衣著必須乾淨整潔。
5. 領帶的樣式不能太花俏，顏色也不要太刺眼。而且繫好後，長度以不碰到皮帶為宜。
6. 如果西服是一個扣子的話要扣上，兩個或三個就要至少留一個不扣，否則顯得太呆板。
7. 穿著正裝不要穿白色襪子，從西褲的褲腿和皮鞋之間露出來一截白棉襪子會造成正裝和休閒襪搭配混亂（白色和淺色的純棉襪屬於便裝一族）。
8. 一定不要忽視鞋子，男人的鞋子才能真正代表他的品味，很多人只是穿了一套很好的西服，卻穿了一雙廉價的鞋，這樣就顯得不倫不類。
9. 通常一件西服的外袋是合了縫的，即暗袋，一般不要隨意拆開，因為它可保持西裝的形狀，使之不易變形。

10. 西服的口袋裡不要放任何東西，袖口的商標一定要剪掉。

11. 當你在為穿什麼樣式的服裝而發愁時，可以選擇深藍色的西服、白襯衣及黑皮鞋，這樣的著裝也許不會讓你出挑，但最起碼不會出醜。

12. 手錶的款式也要和著裝搭配，不要太顯眼，也不能成為手腕的累贅。儘量戴一塊手錶，這不僅是一個裝飾，也象徵著一個男人的時間觀念。

13. 腰帶上不要別鑰匙、手機等物品。

14. 襯衫領開口、皮帶和褲子前開口外側線不能歪斜，應在一條線上。

15. 黑皮鞋能配任何一種深色的西裝，但灰色鞋子不宜配深色西裝。淺色鞋子只可配淺色西裝，不能配深色西裝。漆皮鞋只適宜配禮服。

當然，以上提到的著衣法則並不是一成不變的，很多規則要因地制宜、因時而異。比如，在男士著裝法則中要求服裝顏色要控制在三種為宜，這並非三種顏色是一個定數，而是從視覺上講，三種或三種以內的顏色比較好搭配，超過三種顏色後就不容易控制，會顯得雜亂無章。

如果你是一位優秀的服裝師，或對此頗有審美能力，便可隨心所欲。以上給大家介紹的要點也是在告訴讀者，既然大家處於一個社會性的環境中，就要遵守一種社會生活準則，否則，勢必會影響到一個人在社會上的影響力和能力。

二、微表情的真相

洗腦技巧

- 我們的五官中，眼睛被稱為「靈魂之窗」，占感覺系統的70％以上；眨眼頻率超過20次／分的人一定心懷不軌。
- 一個人看到他感興趣的事物時，即使他表現得不動聲色，瞳孔也會變大。
- 一個不恰當的眼神足以毀掉一個世界。

眼睛裡的秘密

「眼睛是靈魂的之窗」，的確如此。眼睛能毫不掩飾地透漏出一個人的學識、品性、情操、趣味、真誠、虛偽等。眼睛所發出的一切行為即「眼行為」。一個人看到自己喜歡的、感興趣的事物時，瞳孔會擴張，說謊時眼角會不自覺地往上翹，眼睛轉動速度會比說話的節奏快。當你掌握了「眼行為」中的秘密時，你就掌握了窺視對方心理、說服對方的技巧。

在我們的身體上，眼睛是人體中最小的器官，半徑大約只有1.3公分，但在肢體語言中傳遞的信號是最有價值、最為準確的。為什麼「眼行為」會有著如此重要的作用呢？

第一，眼睛在五官中最敏銳，占感覺系統的70%以上。眼睛的反射能力比其他「四官」都強，這是因為，在人類的進化過程中，眼睛周圍的肌肉得到了良好的改善。如，眼球內部的肌肉在受到強光刺激時，會自動收縮瞳孔；當外界環境襲擊眼睛時，眼睛周圍的肌肉就會立刻合上眼簾。

第二，眼睛會不自覺地表達出一些真實情緒。我們在聽故事時，關鍵時刻眼睛總會像閃光燈一樣明亮，透露出一種興奮的色彩；未成年的孩子在饑餓、口渴、孤獨時，一看媽媽眼睛就會顯出很舒適的感覺，這就是表達滿足感的本能反應；就是連剛出生不久的嬰兒，他的眼神也會一直追隨媽媽的身體。

以上的兩點歸納起來就是人的本能生理反應，並非自身心理素質能控制得了的。類似於這樣的「眼行為」還有很多，以「眨眼睛」為例，它就是一種很好的揭示「眼行為」秘密的途徑。

一位心理學家曾經對美國總統候選人布希與戈爾的辯論視頻進行過一個仔細的研究，最後發現，候選人戈爾眨眼的頻率超過了60次／分，就連電視機前的很多觀眾都發現了。

這是為何？因為正常人的眨眼頻率是20次／分，而戈爾眨眼的速度是正常人的三倍。戈爾眨眼頻率的加快說明了他的內心非常緊張，可能隱藏了一些不可告人的秘密。這一現象通過電視傳給了觀眾，很多美國公民都認為，一個遇事慌張的傢伙絕對不能勝任美國的總統，所以在當天的選舉後戈爾也是慘敗而歸。

第三，瞳孔會暴露出自己的興趣所在。

眼神要是在交際中發揮大作用，能提供給我們大量的資訊，但你必須知道一些基本的「眼行為」的知識。

有位科學家曾經做過一個實驗：把一些美女照片分發給一些年輕的男人和女人，讓他們觀看。研究得出，當這些男女觀看這些美女照片時，他們的瞳孔變化大不一樣，所有男人在觀看美女照片時瞳孔都會變大，而女人在觀看美女照片時瞳孔並沒有多大的變化。

這個實驗就說明：當一個人看到自己喜歡的或是感興趣的事物時，他的瞳孔就會跟著擴張，眼睛就會睜大。而在交際中，你就可以仔細觀察對方，當他的眼睛越睜越大時，就表明他對你或你們的話題很感興趣。尤其是在生意場上，你基本上可以斷定對方對目前的局勢很滿意，而你就可以適當地提高自己的要求和價碼。反之，對方的眼睛死盯著一處則預示著他的情緒很消極，這時你若想挽救殘局，就要適當調整對自己的談話尺度和價碼了。

眼神較量

「面對顧客時，一定要正視著對方的眼睛。你只有和顧客的目光不斷接觸，才會和顧客有更深的感情交流。」這是一位出色的IT商人給員工制定的制度中第一條。的確不錯，在生意場上，這既是一種自信和出色的交流技巧，又是一種極具殺傷力的說服技巧。但是，這樣的觀點並不絕對正確，因為長時間注視著對方的眼睛會招致對方反感。正確的做法是應間歇性地和對方的眼光進行接觸。那麼，生意場合中如何運用眼神來提高自身的說服力呢？需要注意以下幾點。

第一，「尷尬場合」下避免眼神接觸。

這樣的情況經常出現：當你正在和客戶談判時，一開始雙方談得很愉快，中途卻因為某些條款不能達成共識，誰也不願意做出讓步，這樣談判就陷入了僵局。此時的雙方都處於尷尬的境地，和對方的眼神發生碰撞是一種很不明智的選擇。

此時，你得回避對方的眼神低頭思考，略微低下頭來思考一下，這樣會把損失減少到最小，即使生意不成，對方也不至於忌恨你。此時雙方若發生眼神碰撞，無論你的眼神中透漏出的是何種情感，都有可能讓對方認為你是在挑釁或準備和他對抗下去，心裡就會產生消極的情緒，雙方可能會因此造成心理衝突，你們的生意也就會因此崩潰。

第二，從眼神判斷局勢。

在生意場上，當你發現雙方的談話已經進入正題，但生意夥伴的眼神並不在你的身上，只是時而看你一眼，或把眼光移向遠處。這種「眼行為」基本上可以說明兩個問題：

1. 你的生意夥伴對雙方的談話內容並不關心，或對你這個客戶失去了興趣，想立馬結束這次會談。

2. 你的生意夥伴可能正在算計「這個傢伙看來是來者不善，我到底能盈利多少」。

此時你既不能放鬆警惕，也不要表現出什麼負面情緒，靜觀其變是最好的方法。若客戶要是瞪著你不放，時不時說「看來只有這樣了，順其自然吧」之類的客套話。這時你也要謹慎了，千萬不要以為對方真的同意了你們之間的協議。他之所以說那樣的話是因為他的想法即將或是已經被你在無意間識破了，所以做出一種故作鎮定的姿態。

第三，若干種眼神的秘密。

生意場合下的眼神是複雜的，而不同的眼神會暗示出不同的生意經。如何通過眼神去把握好對方的心理，從而去說服對方，這就需要你去仔細識別了。

當你的生意夥伴眼神灰暗時，大概是因為他碰到了不順心的情況。這時，你在談判中的某個環節應該給對方適當的關愛和包容，這一招是說服對方的撒手鐗；若你和客戶正在談判，對方的眼睛漸亮則是在告訴你，他對目前的談判結果很期待，迫切希望順著你們的談判思路達成共識。這時，你的生意夥伴對目前的談判很滿意，也可能是要急於說出自己的想法和條件；當你發現生意夥伴的眼神閃爍不定時，很可能是因為他正在思索談判中的某項條款，或是某些條款讓他感到措手不及。但是，你也不要過分地乘人之危，這種眼神不排除另一種可能——對方正在計畫「怎樣去打敗你」。

直視雙眼

二十世紀最偉大的成功學的大師卡內基曾說：「談話時要看著對方的眼睛，這是最起碼的溝通技巧。」你是這樣做的嗎？其中蘊含的也並非溝通技巧那麼簡單。

自卑、膽怯、難為情或害羞的人總是不敢看著對方的眼睛交談，那麼，說服對方就無從談起了。在現代社會，交際越頻繁也越來越重要，你想要達到自己的目的，溝通已經是必不可少的事，而看著對方的眼睛談話已經似乎是一個極具魅力的社交禮儀，不僅能體現出你的自信，還能透露出你的真誠。所以，膽怯的人應該試著改善交談的方式，看著對方的眼睛會使雙方的談話更投機、更默契，會讓你得到更準確的資訊。你還能從對方的眼神中捕捉到更多微妙的資訊，以便及時調整自己的交談方式。

當然，看著對方的眼睛說話就是間歇性地、有節奏地和對方進行眼神交流，並非死盯著看。而最佳的交談方式是和對方的談話內容、語速相配合，比如，你在瞬間的思考時移開視線，等到要交談時再看著對方的眼睛。你可以想像一下，那些大人物在講話時，或是在聽別人談話時，他總能大大方方地看著對方的眼睛，他們的真誠、穩健、修養、胸懷總是在眼神中體現得淋漓盡致。讓聽眾不得不承認這的確是一位大人物。相反，一些人和名人、政客見面時，眼睛總是不敢正視著對方，會很害怕、很害羞。此時，「對方的偉大」和「自我的渺小」似乎彰顯得更加明顯。

另外，看著對方的眼睛還能彰顯出一種無聲勝有聲的氣場。你可以想一想，那些領在宣讀完一項決策後通常會說：「大家都同意嗎？」之後會用眼神掃視一下全場，最後把眼神落在特定的一個或幾個人身上，目的就是要看這幾個人的意見，其餘的人是否同意都無關緊要。再如，號稱「鐵娘子」的英國前首相柴契爾夫人就很善於依靠目光來控制記者招待會上的氣氛，她能完全靠自己的視線來決定誰來向自己提問，什麼時候自己來回答，以及什麼時候結束招待會。對於一般人來說，這種「視線效應」的實際意義就在於在具體的場合下能及時準確地讀懂對方的興趣所在。

三、自我控制能力

- 肢體動作是一門無聲的語言，而語言就是一種說服的力量。
- 肢體語言的說服力就是老師走到學生的身邊，輕輕地摸一摸他的頭。
- 肢體語言的說服力就是一名戰士威嚴挺立時的形象。

肢體語言為何如此震撼人心？

當一個人在街上閒逛時，若遇到一個十字路口，大多數男性都會不自覺地向左看，而女性則會向右。這其中也存在著「男左女右」的規則嗎？這其實是因為兩者生理和心理不同而導致的。這就說明一個道理：身體語言會隨著生理現象而發生改變，會影響到一個人的判斷力。

你一定遇到過這樣的情況：當初見陌生人時，他不說話，從他的肢體動作中你會感覺到這是一個神秘的、強有力的人。事實上，他一開口卻暴露了自身的平庸和軟弱，他對你也就不具備一定的威脅；還有一些人總是很少說話，留給對方的總是一種隱藏的未爆發的強大震撼力，人們只能通過他的肢體語言來窺視其內心，總會高估他的能力和氣場。這就說明肢體語言在說服中的力量——一種比說話更強效的溝通方式。

至於肢體語言在交際中所占的地位，美國著名心理學家的研究表明：資訊交流的效果來自於7%的語言內容、38%的語調語速，還有55%的表情和動作。在這個交際頻繁的時代，肢體語言的地位變得越來越重要了，它是很多成功人士關注的重點，因為有聲語言的表達太直白而又不可靠。在我們的交際中，當對方把語言系統關閉時就會開啟肢體語言的大門，只要你能捕捉到那些異常的行為就能掌控對方的心理。這個道理正如心理學家勞倫斯·所羅門博士說的：「當人們說謊、防禦，或遇到利害攸關的事情時，他們的肢體語言會洩露他們的秘密。」就這個結論，而一位心理學家曾經在《美國精神病學雜誌》上發表過一項研究：一個人在撒謊時無論語言上掩飾得多麼嚴密，他的肢體語言都會告訴對方一個真實的答案。這就是在告訴我們，肢體語言傳達的資訊的真實性和可靠性。

事實上，我們有聲語言的主要作用是用來傳遞資訊，肢體語言則通常用來進行人與人之間思想的溝通和談判。在很多情況下，肢體語言可以取代話語的位置傳遞資訊。因為肢體語言不僅是一種體現個人情緒的外在表現形式，而且每一個手勢或動作都有可能成為透視自身情感、情緒的線索。同時，我們還可以用自身的肢體語言來影響他人的心理和內心情感。這就是人類的「感知力強」或「直覺靈敏」的能力。

那麼，究竟是什麼原因影響了我們的肢體語言呢？

這要分兩個原因。其中一個就是生理原因上的感知能力，它會直接影響到我們的判斷能力和說服決策。但是，男性和女性的感知並不相同，女性的感知能力更強，這也是我們不得不注意的問題。這是因為女性具有一種與生俱來的洞察力和破譯無聲信號的能力，她們在人際交往中往往會獨具慧眼地發現那些男性會忽略的細節。這是因為在生理上，大部分女性有一種腦部組織，它能使得女性的交流和溝通的能力勝於男性。有關專家曾經做過這樣一個實驗：分別對男性和女性進行磁共振成像的檢查，結果發現，女性一共有十四塊到十六塊大腦區域，它能夠說明人們完成判斷別人行為的能力，男性卻只有四塊到六塊。這也就揭示了為何女性的交際能力高於男性的原因。

另外的一個原因就是先天的遺傳原因。我們來做個實驗：當你坐下時，會將右腿放到左腿上還是將左腿放至右腿上呢？一般人都無法立即回答這個問題，除非他立馬去試驗一下。而對於此，無非有兩種答案。當我們試圖分別做出兩種動作時，你總會覺得其中的一種姿勢很舒服，另一種卻有些彆扭。這就說明，那種讓你覺得更舒服的動作是由自身體內的基因決定的，而這種基因導致的感覺在你的一生中基本上不會發生改變。這樣的結論並非空穴來風，有關學者曾對盲人的肢體語言進行過跟蹤研究，研究的目的就是要弄清楚正常人的有些肢體語言是與生俱來的還是後天學來的，因為盲人的很多動作是不可能後天學來的。這個實驗得出的結論是：人類的許多肢體語言是與生俱來的，就比如本文開頭提到的「男左女右」。但是，這些肢體語言是可以通過人的意志力來控制的，即在不同的情況發出這樣的動作能表示不同的意義。

在我們的交際中，你若要通過自身的肢體語言來說服別人，就必須瞭解不同的肢體語言所代表的含義以及能產生的心理狀態，做到「知己知彼」，你的說服也才能贏得「百戰不殆」。

肢體動作——無聲勝有聲的說服力

頭部

我們的肢體可以分為很多部位，每個部位都能傳達出不同的資訊，頭部無疑是肢體語言中最重要部位之一。心理學家研究發現，人的每一個動作與自身的心理活動都是互相聯繫、互相影響的。每個人的心理活動都會產生相應的肢體語言，而動作的變化也會影響到相應的心理。

比如，一個人昂首挺胸時無形中就產生自信的感覺，而心中充滿自信時無形中就會昂首挺胸。

我們的頭部動作表達的含義是極其豐富的，它不僅能真實地暴露出一個人的心理狀態，還是一種行之有效的交際手段。有位心理學家曾經得到一個結論：當一個人犯錯誤時，他的手掌就會不自覺地摸頭，而他摸得越靠後腦勺，就說明認錯態度越真誠。若他僅僅是隨便拍打幾下前額，就意味他並不在乎自己的錯誤，甚至是認為自己沒有錯，他之所以如此做只是一種形式，並不是真心實意的。再如，當你向對方敘述自己的觀點並希望獲得對方的贊同時，你儘量做出抬頭、點頭的動作，對方就會在無意間增強對你的信任度和興趣；當你要拒絕對方時，扭轉頭而去或打斷說話會顯得不禮貌，而你只要有意地降低說話的聲調，隨之慢慢地低下頭，對方就會很快明白你的心思。如此你也就達到了說服對方的效果。

我們可以再來看一種更極端的例子。你會經常和情人、孩子、父母頭碰頭，這毫無疑問是一種愛的信號。但在有些情況下，它是一種相反的信號。在一些描寫黑社會的電影戲劇中，經常會出現強者用自己的頭碰弱者的頭的場面，他這樣做的目的就是在向弱者發出威脅信號，以一種威脅的方式來強迫對方服從自己的要求。這種肢體語言傳達的信號並非人類獨有，很多動物也如此，如鬥雞、鬥狗、鬥牛時，雙方總是會攻擊對方的頭部而並非其他部位。

手勢

聾啞人的語言都是用手勢來表現，而非其他部位，這即說明手勢傳達資訊的準確性和豐富性。而我們的肢體語言傳達給對方的情緒無非就是兩種——積極和消極。在交際中，利用好它就會給你的交際增加力量。

在第一次世界大戰中，有一位小兵，他有著天才般的演說才能，但他原來並非如此優秀。他沒有接受過專業的演說培訓，也沒有舞臺經驗，而是自己對著鏡子練習出來的，而他的演說中最引人矚目的就是手勢的運用，逐漸形成了一種自己的演講風格。

後來，這個最初是「二等兵」的傢伙竟然成為了罪惡滔天的第三帝國的頭領，他就是希特勒。希特勒獨特的手勢對他自己而言，是莫大的「好運」，但給整個人類帶來了災難。時至今日，希特勒練習手勢的影像資料仍被封存在資料庫中。

就是這樣的，希特勒在他的演講中巧妙地運用了手勢產生的積極效果，成功地說服了一個個民眾、士兵，最終成就自己的陰謀。而在我們的手勢中，哪些動作能產生積極的效果呢？「尖塔式」手勢，就是雙手指張開，然後十指合十的動作，但並不是十指交叉，像教堂的尖塔，或像在做祈禱狀。這是一個人「高度自信」時才會做出來的動作，有一定的說服力和震懾力；豎起拇指，這是一種贊成對方或誇獎對方的手勢，也是一種高度自信的表現，與一個人的氣質、身份、地位有很大關係。那些有名望的人士經常會不自覺地把手插在上衣口袋裡，拇指卻露在外面，這就是高度自信的非語言信號。試想一下，這樣的人能不贏得對方的支持嗎？

但是，這裡還要告訴讀者的是，有一些手勢是會給對方帶來消極的影響，它在多數情況下是會削弱說服的效力。一個很簡單的例子，當你和對方談話時，手始終揣在口袋裡，這就會讓對方看著很不舒服，會產生諸多的消極心理，會認為你的身上潛藏著一些危險，或是你的話有所保留。如此你就很難說服對方。這樣的說法並非危言聳聽，有心理學家曾經對此做過一個實驗：

讓兩組互不認識的小學生在一起一對一地交談，其中一半的人把手放在桌子的下面，另一半的人手放在桌子的上面。經過一段時間的交流之後，心理學家請他們寫出自己對對方的印象。結果顯示，將手放在桌子下面的同學給對方留下的印象普遍不好，多是拘謹小心、小裡小氣、畏首畏尾、鬼鬼祟祟、狡猾虛偽等一些負面的形容。而那些把手放在桌子上面的同學得到的印象普遍較好，如陽光開朗、大方友善、真誠溫暖等。

所以，在我們的交際中，有些手勢是不得不回避的，如手出汗、十指緊緊交叉、手顫抖、不斷搓手、手指僵硬、咬手指等。這些消極的動作在精神分析學家佛洛依德看來是人體的防禦機制（defense mechanisms）在發揮作用，即其中的退化（regression）功能，在特殊時刻回到了心理發展的早期階段。

最後還要提醒讀者的是，「握手」在交際中的重要性。當你和對方握手時就能從握手方式來獲取對方的資訊。一般來講，雙方握手之後會給對方留下三種印象：這是一個有侵略欲和控制欲的傢伙，我感到一股壓力；他是一個「軟柿子」，對付他對我來說很簡單；我喜歡他，他很可能會成為我的好朋友。

所以說，對於交際來說，握手是瞭解對方心理的第一步。那麼，如何握手才能對你更有利呢？一般來說，握手方式需要根據情況來判斷，如同不同的場合要穿不同款式的衣服。如果氣氛融洽，握手時應儘量保證雙方的手掌處於同一個平面，輕晃四次到六次；面對一場商務談判時，握手時儘量將手掌翻轉，使自己的手心向下，即「獲得握手的控制權」；你準備向他人道歉時，要儘量使用「恭順的握手方式」，即使自己的手心朝上，主動讓出「優勢位置」。所以，掌握了握手的主動權，你就掌握了說服對方的主動權。

腿

幾乎每個人都會經常性地雙腿分立，但你知道其中的含義嗎？一般來說，它最明顯的含義就是「捍衛自己的領地」。

華人在過年時，門上都會貼著門神，不管是關雲長還是尉遲恭，他們都會雙腳分開站立，這不僅代表著一種震懾力，還有一種是要「樹立權威」的氣勢。再如，當你正在使用銀行的自動取款機，而有人向你靠得很近，這時你就會有意識地站開腿，肌肉繃緊，目的就在於以此來保護自己的銀行資訊或是金錢不受到傷害。你還可以想像一下那些電影裡的場面：當敵我雙方開始對峙前，雙方都會雙臂抱胸，站開雙腿，給對手一種視覺上和心理上震撼。這樣做並不只是為了站得更穩當，而是在表達一種要戰勝對方的心理狀態，給對手發出一種恐嚇、威脅的信號，讓對方不得不服從於他。

腿部發出的動作還有很多，它們都能產生不同程度上的說服力，但是，有的代表消極狀態的動作對於動作發出者來說能產生積極的效果，那就是「屈膝」。美國微軟公司董事長比爾．蓋茲曾說：「低調做人，你會一次比一次穩健；高調做事，你會一次比一次優秀。」

的確，對於有些人來說，屈膝做事並不能代表他的地位卑賤，反而能產生強大的氣場作用，給對方以強大的說服力。

有幾位多年不見的朋友在一家高級的餐廳裡把酒言歡、暢談敘舊。儘管大家的身份懸殊，但酒桌上誰還在乎，每個人都不拘小節地喝。酒過三巡，閒言碎語的人就多了起來，其中的一位局長朋友也不例外。他拿著酒杯和身邊的李處長勾肩搭背，說著局裡的倒楣事。話到興頭，局長就站了起來，大手一揮，酒就灑在了一位「海歸」朋友的鞋子上。恰巧的是，餐廳的經理正好看見了，他用平和中透漏著嚴厲的語氣對服務生說：「你怎麼能站著不動呢，你應該去給客人擦一下。」

經理雖然這樣說，卻自己蹲了下來，掏出口袋中的紙巾去給這位「海歸」朋友擦鞋。本來這不關餐廳的事，經理卻要親自屈膝。這樣一來，「海歸」朋友有點不好意思了。忙起身解釋：

「真是謝謝你了，太不好意思了，是我們自己不小心弄的，還是我來吧。」

這時，局長朋友也意識到了自己的小過錯給大家帶來了尷尬，也向經理解釋道：「哎呀，都是我不小心，不能怪你們，不能讓你們來擦呀，要擦也是我來擦呀！」

「誰弄髒的不要緊，你們來到我們店裡消費，就是上帝，我們應該儘量為上帝服務嘛！」經理用淡淡的口氣說。

此刻，這幾位朋友都很不好意思。這位經理走後，他們聽服務生說這個人並非餐廳的經理，而是總集團的董事長，他來餐廳視察，用餐後恰巧碰到了這樣的情景。

大家聽了服務生的話後更是無地自容，尤其是局長為自己的行為面紅耳赤。在今後的日子裡，這幾位朋友十分看重這家餐廳，不僅自己請客吃飯會來，還會推薦親戚朋友也常來。

的確，站著生活的人不一定是強者，跪著生活的人也不一定是弱者。那位董事長儘管屈尊蹲下為顧客擦鞋，並非他的軟弱，一次舉手之勞贏得了餐廳的信譽和一大批客人，所以，董事長贏了。

附錄：常見的肢體語言

1. 搖晃一隻腳——不耐煩。
2. 搓手——有所期待。
3. 揉眼睛、捏耳朵——疑惑。
4. 有意識地清嗓子——準備發威。
5. 把鉛筆等物放到嘴裡——焦慮。
6. 背著雙手——自傲、得意。
7. 避免和對方眼神碰撞——回避某些話題。
8. 用食指劃過鼻頭——反對對方的觀點。
9. 隨意地觸碰耳郭——準備打斷別人的話。
10. 觸摸喉部——重申自己的觀點和立場。
11. 小腿晃動——對目前的情況不在乎。

12. **無意識地清嗓子——擔心目前的狀態。**

13. **說話時捂著嘴——說話沒把握或在撒謊。**

14. **腳尖一點點地朝著門的方向或坐在椅子的邊緣——準備離開。**

15. **眨眼頻繁、用舌頭潤濕嘴唇、不停地做吞咽、冒虛汗、聳肩頻繁——撒謊。**

16. **常摸頭——沒自信。**

17. **經常摸臉、膝蓋——急躁。**

18. **喘氣——壓力大。**

運用肢體語言

上文提到了很多不同的肢體語言代表的不同含義，那麼，每一個動作的含義真的就那麼絕對嗎？我們需要怎樣來理解和運用這些動作呢？這需要注意以下三個方面：

法則一：要連貫性地理解肢體語言

當一個人能夠讀懂對方一連串的肢體語言，並且明確地用自身的語言或動作表達出來，那麼，他就是一個成功的說服者。很多人在運用或是分析肢體語言時經常會犯一個致命的錯誤——將每個表情或動作分離開來理解。其實這就是一種孤立、片面地解讀肢體語言的方法。比如，撓頭所表示的含義有尷尬、不確定、去頭屑、頭癢、健忘、撒謊等，我們之所以能明確地判斷出哪一種是目前所表示的真正含義，這要取決於動作發生時對方的表情和動作。肢體語言就同我們說的話一樣，每一個單體動作就如同每一個單詞，只有將單詞連貫起來分析，才能明確每一個單詞的具體含義，因為同一個單詞在不同的語境中表示不同的含義和詞性。這也就如同一個人撓頭時是因為他對某個問題表示不確定還是因為頭癢。

法則二：在肢體語言中尋找一致性

研究表明，肢體語言傳遞的資訊所產生的說服力是有聲語言的五倍。當兩個人面對面交流的時候，尤其是兩位女人，她們的交流幾乎無需任何語言作為媒介。這就是因為肢體語言之間具有某些秘密。

你一定見過這樣的場面：當你和一個人初次見面時，你給他讓菸，他的嘴裡說「不、不用了」，手卻很隨意地伸了過去，擺出一副很客氣的樣子，其實這是在假客氣。這就是一種肢體語言和有聲語言不一致的人。這類人多是比較聰明，處事圓滑老練，不會輕易去得罪別人，雖然對你已經恨得咬牙切齒，但和你交往時還是一個「笑面虎」。這種人還有一個特點就是一旦認准的事情，會想盡辦法、不擇手段地去辦到，所以你要儘量少和他有瓜葛，尤其是經濟上的糾紛。

在我們的肢體語言中，你也可以運用和對方的肢體語言保持一致的形式來達到說服對方的目的。這就是「同步現象」。比如，對方交叉雙腿，腳尖指向你，這是在發出贊成的信號，也許對方並不是有意這樣做，而是一種心理狀態下肢體的無意識反映。你是否相信，在人際交往中，你的動作可能來自朋友的影響。

當你和一個人相處久之後，就會在不知不覺中模仿了別人的動作：比如你經常和好友閒聊，對方抽菸時喜歡抽兩口就撣一下菸灰，久而久之你也會如此；你經常和朋友喝咖啡，朋友喝咖啡的速度總是很快，時間長了你也會如此；你的同事總是習慣性地說一句口頭禪，不久以後，你的朋友就會發現你的嘴裡經常說一些以前從不說的話。

諸如此類的事情很多，這種現象就叫做「同步現象」，在存在利益關係的情況下，迎合或模仿對方的動作能贏得實際的利益。有關專家曾經做過這樣一個研究調查：當雙方在談判時，作為聽眾方（尤其是指在生意上處於弱勢的一方）若是能在對方談話期時主動迎合和模仿對方的動作，比如手勢、步調、表情、聲音、呼吸等，這樣對方做出讓步的概率會高於那些保持「個性」的方式。從視覺上來說，弱勢一方的動作會讓對方看著很舒服。在這個過程中，弱勢的一方通過模仿對方的舉止、動作，其實是在傳達自己的真誠和善意，能在無意的情況下贏得對方的感情支持。對於強勢的一方來說，他看到對方的動作時，也會不自然地模仿對方，這樣就會形成一種良性的迴圈，反復幾輪之後就會鞏固和拉近雙方的心理距離。

這樣的秘密你發現了嗎，為何不運用到自己的交際中呢？還要提醒讀者的是，在我們利用肢體語言中，一定要注重自身以及對方在肢體語言和有神語言的一致性，這是我們說服別人的一把金鑰匙。

法則三：結合具體語境來理解肢體語言

在我們的交際中，對對方動作和表情的理解都應該在其發生的大環境下來完成。例如，如果在一個寒冷的冬天，你看見某人站在一個公車的終點站裡，雙臂緊緊環抱於胸前，雙腿也緊緊地夾在一起。那麼，他之所以擺出這種姿勢，很有可能是因為他很冷，而並不是身體受到外來威脅而發出的一種自我保護的動作。再如，當你和一個人交談時，發現他頻頻眨眼，而你們之間的談話並沒有存在利害關係或是語言上有什麼衝突，那麼，你就不能斷定這個人是在撒謊或在向你隱瞞什麼，而是考慮到這個人應該有眼睛方面的疾病。

四、情境下的主觀意象

● 運用得當的沉默，是最強大的武器。

● 想洗腦、說服他人，必須具備良好的口才，但更要注重傾聽。在雙方的談話之間，三分說，七分聽。

● 在這個社會，學會傾聽不僅是一個人的修養，還是一個人的能力，更是一個人為人處世，征服他人的秘密武器。掌握了說話權的人掌握了談話的主動權，但你學會了傾聽，你就掌握了說話者的心理。

傾聽就是在積累爆發力

你一定知道「沉默是金」這句話，但沉默並非不聞不問，或是無動於衷。沉默其實也是一種傾聽技巧，它的目的在於更好的理解、分析說話者的言語內涵、漏洞，是在心裡醞釀自身即將發言的方式方法，即在打草稿。沉默並非持續的，它最終會以爆發而告終，否則多數的沉默是毫無意義的。而沉默所爆發出來的力量必須是簡潔俐落又一鳴驚人。這就是它的真正精髓所在。

「嗨，卡爾，你剛聽說了嗎，我上周和一群傢伙打網球，你猜怎麼了，哈哈，我打敗了所有的傢伙！」

「哦？是嗎？卡拉，看來你的球技不錯呀！」

「應該這麼說吧，在我周圍的朋友中，沒有一個傢伙能打得過我的。」

「你真夠厲害的。」

「不是我吹牛，卡爾，我昨天回想了一下，我長這麼大幾乎沒有人能打得過我，我遇到的全是一群球技很糟糕的傢伙，簡直讓我失望透了！」

「有機會我真想目睹一下你的風采。」

「這絕對不是問題，有時間我一定教你兩手，我絕對能保證，我很快能讓你的球技打敗很多傢伙，放心吧，我想我的球技是可以和國家隊裡的傢伙不分上下的。」

「噢，那你一定很厲害了，我曾經只是在州裡的網球比賽中取得過冠軍。」

「哇，你是州裡的冠軍？」卡拉發出很驚訝的聲音，邊聳了聳肩看著卡爾不再說話了。

卡爾很真誠地傾聽卡拉滔滔不絕地吹噓自己的球技，既沒有說出自己曾經的成就，也沒有反駁卡拉的大話，這樣做的目的只是在積累說服卡拉的力量，然後在合適的時機給他一個有力的說服。這種方法也是很多大人物和有修養的人的做法，他們經常保持沉默，靜靜地傾聽別人，發言時惜字如金，原因有二：避免「言多必失」；為了充分瞭解情況後「一語中的」。

當然，傾聽或是沉默的目的並不全是給對方一個打擊和教訓，而是讓對方贊成自己。這也是為什麼要善於傾聽的原因。不僅如此，善於傾聽也是一個人的修養所在，對講話者的尊重。

傾聽是對傾訴者最好的安慰

美國著名人際關係學大師戴爾．卡內基說：「再也沒有比專心地傾聽對方的談話更具恭維效果了。」

試想一下，當你把對方恭維到恰到好處時，對方能不尊重你的想法嗎？怎樣做呢？就像卡內基說的那樣，做一位優秀的傾聽者吧。

愛德華八世寧願要美人不要江山的故事風靡世界，而他愛的辛普森夫人雖然美麗，卻是一位離過兩次婚的女人。她究竟有什麼魅力讓愛德華對她如此傾心？辛普森夫人的迷人之處就在於她聽愛德華談話時有一種超人的吸引力。一位作家曾經這樣描述：「她坐在愛德華對面，手肘支在桌面上，手托著下頷，她的眼睛、耳朵、整個身心似乎完全沉醉在他說的每一個字、每一句話之中。她好像在說『再說吧，再多告訴我一點親愛的……我正在聽……你的話有趣極了。』」這就如同偉大的莎士比亞的詩：「天真無言的外表往往比說話更能讓人心動。」這就是傾聽的魅力，當傾訴者找到合適的傾聽者時會爆發出驚人的力量，而此時的傾聽者也一定有足夠的魅力回復傾訴者。

你一定遇到過渴望傾訴的人，也一定體會過傾訴後的快感。傾訴是一種減壓的方式，傾聽對傾訴者來說是最好的安慰。有關研究證明，一位優秀的傾聽者能讓失望、焦慮的人在不經意間緩解心中的壓力。想像一下，當你讓對方一下子豁然開朗、如釋重負，還有什麼不能說服對方的嗎？

三十歲的珍妮已經是一家知名相機品牌的區域部門經理。一天，他們的部門接到了一個大訂單，另一家公司準備預定一千個單眼相機來為員工發福利，但要求價格必須低於市場價。面對這個大專案，珍妮決定親自出面會見訂貨方的總經理。

當珍妮敲開總經理的門時，開門的是一位五十多歲的女人，她看到珍妮之後顯得很高興，並自我介紹自己就是公司的總經理。她又親切地邀請珍妮坐下，又拿來了飲品。總經理的熱情令珍妮感覺像到了朋友家做客，令她不可思議的是，總經理看起來沒有一點大人物的架子，更像一個普通人。

她們坐下後，總經理並沒有談論相機價格的事，而是隨口說出自己也有一個像她一樣的女兒。就是這麼一句話，珍妮覺察到自己可能還和她的女兒有某些方面的相似之處：是我和她的女兒長得很像嗎？是她的女兒近來為她做了什麼高興的事嗎？還是她的女兒離開她去了很遠的地方？甚至是她的女兒去了天堂？這個女人身上一定有不同尋常的故事。

珍妮並沒有打斷總經理的話，總經理將自己的事情娓娓道來，她是如何在中學畢業後就輟學、賣過菜、推銷傢俱、禮儀公司，再如何來到這間公司，最後一步步走到今天，她始終不談相機的事。珍妮更加確定這其中一定有玄機，更何況這樣的人是得罪不起的，珍妮只好耐心聽下去。在接下來的談話中，珍妮也把相機的事忘到了腦後，總經理的故事確實很有趣，兩人越談越投機，珍妮還會在總經理忘記說到哪時提醒她一下，總經理也會抱怨自己真的老了。

一直到了中午，總經理才講完她的創業史，大鬆一口氣對珍妮說：「親愛的珍妮，你真是多麼善解人意。」這時，總經理才意識到自己忽視了正事，忙說抱歉，她簡單地翻閱了一下合同說：「珍妮，我很願意和你合作，也相信你們的公司，我現在願意把每個相機的價格在預計價格上提高一百元。」這真是令珍妮欣喜若狂。

之後，總經理又說：「親愛的珍妮，你願意和我一起用午餐嗎？」珍妮欣然地答應了，但又心存疑惑，總經理為什麼會對她有如此的偏愛？在用餐中這位總經理才說出了原因，原來她也有一個叫珍妮的女兒，多年前她就和丈夫離婚了，小珍妮的撫養權歸丈夫所有，小珍妮又被丈夫帶到了另一個州，多年來他們失去了聯繫，也就再也沒見過自己的小珍妮。而今天碰到了自己，她感覺自己就是她長大的珍妮，所以才發生了剛才的故事。

這就是傾聽的技術和魅力，珍妮不費吹灰之力，竟然獲得了一筆意想不到的效益，甚至將來會獲得到更多的合作和收益，這就是傾聽的力量——無聲勝有聲。若是珍妮從一開始就對那位總經理的無關緊要的話不感興趣，或是覺察不到其中的玄機，想必她也不會得到那樣的收穫，甚至會談判失敗。

由此可以看出，交談中的雙方若有一方有強烈的傾訴欲望，你就應該做一個傾聽者，這會是對對方最好的安慰。即使雙方之間此時並不存在利害關係，你一定會給他留下深刻而美好的印象，他也一定會在之後的某個時刻支持你。若雙方存在著利益關係，此時的傾聽應該是你說服對方，贏得更大利益的秘密武器。

我不願從一個不聽我說話的人那裡買東西

一位哲人曾經說過：「造物主給我們兩隻耳朵和一張嘴，這就是說我們要多聽少說，更何況嘴還有另外的功用——吃飯，而耳朵只用於聆聽，所以我們更應該少說多聽。」這就是在告訴我們傾聽的重要性。傾聽的說服技巧幾乎適用於任何一個場合，有時候彼此間的交流並不存在利益關係，但這樣的情況幾乎是少數，這是與人類的性格和社會關係決定的。你在別人面前一味地想表達自己的思想，卻不在意對方的感受和談話內容，這是一個絕對失敗的交際行為，無論你的談話內容是多麼動聽。

美國首屆一指的汽車推銷員喬伊·吉拉德曾經在一年內成功推銷出一千四百多輛汽車，他打破了有史以來汽車銷售的年度記錄。但是，他的成功並非天生的，也並非那麼順利，他也有過推銷場上的滑鐵盧。

一次，他向顧客推薦了一種新型車，顧客也很滿意，一切進展得似乎都很順利，但顧客突然反口不買了。這令喬伊·吉拉德很苦惱，難道是自己有什麼事情做錯了嗎？於是他撥通了顧客家的電話：「您好，我是汽車推銷員喬伊．吉拉德，我很想知道是我做錯了什麼嗎，您中意的汽車為什麼不買了呢？」對方很生氣地說：「噢，喬伊．吉拉德先生，你看一下自己的表現，現在都幾點了！」「是的先生，很抱歉，我真的不該這麼晚了給您打電話，但是我反省了一天，現在也不能入睡，我就是想知道自己究竟是在什麼地方出了差錯。」「好吧朋友，你現在看起來夠真誠的，可你昨天下午為什麼對我的話置之不理，我談到了我的兒子，他的理想，他的成績，他要去密西根大學讀書，可你根本就沒有在意我的談話，只是一心想讓我抓緊簽字，快點賣出你的汽車。我想我的話你聽明白了吧，朋友，我絕不願意從一個不聽我說話的人手裡買東西。」

從這件事情上喬伊．吉拉德感悟到：傾聽是推銷出一件商品的前奏，也是尾聲，推銷商品的過程其實就是傾聽的過程。如果你的顧客喜歡你推銷的商品，卻不喜歡你這個人，那麼，他很有可能放棄你的商品。優秀的推銷員必須具備良好的口才，但之後的重點是要學會傾聽。在推銷員和客戶的談話之間應該遵循三十七十的法則，即30%由推銷員來說，70%應該由客戶來說。推銷員總是迫不及待地想把產品推銷給顧客，就會滔滔不絕地介紹自己的產品如何好，往往費了半天口舌後顧客並不領情，這就是因為推銷員並不真正明白顧客的心理。一個想為孩子購買一套書櫃的顧客走進傢俱店，推銷員並不在意顧客的需求，而是一個勁地介紹他們有什麼優惠政策，有什麼新型的款式，這套傢俱擺在家裡一定特別有品味等，這樣就會招致顧客的反感，覺得這個推銷員根本就不靠譜，可能會隨便看一眼就離開了。

顧客是不會從不願意聽他說話的推銷員那裡購買商品的，同樣，任何一個人也絕對不是對那些不懂得聆聽自己心聲的人心服口服。不管是說服你的顧客還是你的朋友，真正起作用的不在於你說了多少話，而在於你傾聽了多少，然後做出準確而合適的回應。

傾聽者的培養訓練

「會說的不如會聽的」，傾聽是一種藝術，同時也是一種涵養和智慧。優秀的傾聽者絕不是機械地聽對方談話，而是需要掌握一些傾聽技巧。自作聰明地打斷別人的話，急於發表自己的意見，對別人下結論都並非合適的做法。

一項研究調查表明：研究人員在一批頂尖銷售人員中進行了一個心理測試，結果發現75%的人屬於內向型的人——行事低調隨和，以他人為中心，這類人在傾聽上的興趣遠遠大於講話的興趣。從中也可以得出，傾聽是一個人說服對方不可或缺的能力。那麼，如何做才能成為一個優秀的傾聽者呢？

第一，傾聽者不能一言不發，要及時給予回應對方。

雖然傾聽者不是交談時的主角，但並不意味著隨便附和或是一言不發，即使不需要發表任何言論，也要用「是嗎、嗨、真是的、哎喲、哈哈」等語氣詞給予講話者一種情感上的回應。當然，傾聽者還可以適當地複述對方的話，儘管這些話不表達實際的意義，卻還是在和對方進行一種情感上的對接，是在告訴講話者你在心無旁騖地聽他講話，而且贊成和認同他的講話。

第二，不僅在語言上，還要運用肢體語言配合對方。

雙方的談話中，你蜻蜓點水的語氣是對講話者的一種回應，若是能再加上適當的肢體語言，想必更能體現出你傾聽時的認真和真誠。當你同意對方的觀點時輕輕點頭，並且致以微笑；當你對消極狀態下的談話者投以鼓勵的目光，或是一個緊握的拳頭；當你將身體前傾則是在表達一種強烈的傾聽欲望，身體距離的縮短可以拉近雙方的心理距離。你這樣做對方一定會認為他遇到了最忠誠、最合適的傾聽物件，勢必會對你心懷好感。

不過，作為一個優秀的傾聽者，不要做出一些不一致的舉動，如一邊點頭，一邊把目光放在別的地方，這會讓傾聽者認為你心不在焉或是言行不一。也許你的表情心不在焉，但事實上你在認真傾聽，對方可能會產生誤解。

第三，當對講話者的話題不感興趣時，你也要儘量洗耳恭聽。

當你在掉以輕心的時候最容易漏掉一些可用的資訊。如果你實在難以忍受對方的講話，可以做出適當的暗示，但是不能流露出過分的厭煩情緒。

第四，無論對方的談話對錯與否，都要虛心接受。

對方的觀點也許並不正確或者是有明顯的錯誤，你也要在對方說完之後再發表，硬性插話反倒會使你原本有說服力的建議大打折扣，而且很容易導致雙方談話的中斷或談話品質的下降。其實，當你對對方的話有異議時，有時並不需要去反駁，但心理上要明白如何去判斷。一般來說有三種情況：一、對方不假思索說出的話一般為真話；二、對方反復強調的話一定很重要，要細心琢磨；三、前後矛盾的話一定有一個是真的。

第五，要在恰當的時間插話。

當對方是談話主角時，你處於一種被動狀態，而插話有時是在所難免的事情，如何做呢？一般情況下，當對方講完話之後，你要靜靜地等上三五秒鐘再說話，對方可能是停下來整理一下思緒，若是超過三五秒鐘，則是對方在示意該你講話了。

第六，不要不懂裝懂。

有時可能會為了一種自尊心，有時是為了不插斷對方的話，這樣做其實都不合適，你在對對方的話有任何疑問的時候，該再及時地請教一下對方，如「很抱歉，我打擾一下，請問您剛才的意思是……」

第七，笑而不答的傾聽。

你一定遇到過這樣的情況：你的同事在你面前大聲吼道：「我真想把傑克一拳頭打死。」事實上，你知道傑克人不錯，他作為上司只是對下屬的不認真工作做出了責備，下屬不服氣就在同事面前發洩一下。這樣的情況你該怎麼辦呢？受到責備的同事把你作為傾訴對象，也許是對你的信任，希望得到你的支持和同情，你若在他面前說出自己也贊成傑克的決定，他可能會把對傑克的仇恨強加在你身上。這時候你只要輕輕致以微笑，他就會倍加感激。

五、「觸碰效應」的魔力

- 人與人之間的交際過於親密，雙方的個性差異就會格外突出，這就難免產生摩擦。
- 當一位嚴厲的上司偶爾給予下屬一次貼心的關愛，那麼，下屬一定會更加努力地工作。
- 戴爾·卡內基說：「一種最簡單但又重要的獲取對方好感的方法就是牢記對方的名字。」是的，及時叫出對方的名字，不僅是對對方的尊重，還能在瞬間拉近雙方的心理距離。無疑，這是一個友好的開端。

「刺蝟法則」中的心理距離

在人際交往中，人與人之間的交流就如同寒冷中的兩個刺蝟，因為身上都長著刺，本來想給對方一些溫暖和愛意，但當它們相互依偎在一起的時候並不能感到溫暖，甚至難受極了。它們幾經折騰後不得不分開，此時儘管不能從對方身上取暖，卻能通過自身的蜷縮保存能量。這就是「刺蝟法則」，在人際交往中對應的就是「心理距離效應」。

人與人之間的交往距離就應該像兩個刺蝟一樣保持適當的距離。因為每個人的觀念、文化、知識、性格等方面各不相同，這就必然會影響到自身的處世態度和交際方式。人與人之間的交際過於親密，雙方的個性差異就會格外突出，這也就難免產生摩擦。因此，一個人若是能恰如其分地將這一法則運用到生活和工作中，就會減少很多不必要的摩擦，會產生一種意想不到的效果。

當然，所謂的刺蝟法則所預示的心理距離效應並非是雙方之間要時刻保持警戒的心態和嚴肅的表情，使雙方之間產生一種不可逾越的界限。假如你是一位上司，若想讓下屬服從你的命令，或說服下屬為你效勞，你就必須和下屬之間保持適當的心理距離，這樣可以讓下屬對你產生敬畏，但並非過分的恐懼感。這樣做的目的還可以減少下屬對你的恭維和奉承，避免工作上的不負責任等行為。如此一來，你既可以得到下屬的尊重，又能保證他們的工作效率。這就是一種獨特的說服之道。

法國總統戴高樂就是一位善於運用刺蝟法則來說服下屬的政治家，這也是他成功的重要原因之一，「保持一定的距離」就是他執政生涯中的座右銘。

在戴高樂近十年的總統歲月裡，他運用了一個奇怪的人事管理模式：他的秘書處、辦公廳和私人參謀部等智囊機構的工作人員中沒有人的工作年限能超過兩年。為什麼這樣做呢？他曾對一位新上任的辦公廳主任說：「你不可能長期為我工作，你在此工作的最高期限是兩年，猶如一個人不能以參謀部的工作作為自己一生的職業，同樣你也不把辦公廳主任當作為自己人生的全部職業追求。」

戴高樂之所以這樣做，可能是受部隊上的管理理念影響。戴高樂認為，對一個人的工作來說，調動是很正常的事，固定不變則是不正常的行為，就如同沒有不流動的軍隊，沒有從不改變的戰術。另外，戴高樂認為自己的智囊機構成員若是長時間不離開他，就會影響到他的思維和決斷，甚至可以防止內部機構的腐化。

因此，戴高樂總統決定只有把智囊團機構的人員經常調動才能和自己保持一定的距離，而也只有保持一定的距離，他們的工作效率、思維、決斷才具有朝氣和力量。

戴高樂運用這種政治規則讓下屬和自己之間產生刺蝟法則，目的就是讓下屬服從自己。當上下級之間保持一定的心理距離時，下屬對待自己的工作就會不敢怠慢，工作效率就會提高，也不會引發腐敗、墮落的行為。這就是一種高明的說服技巧。但是，戴高樂的政治規則不一定適用於任何一種場合和階層，他處理刺蝟法則的做法過於冷漠、生硬，在政壇上可以如此，但在商業行為或別的場合中就並不一定奏效。

一家大型公司的董事長在對待下屬，尤其是在對待中高層的管理者時非常善於把握刺蝟法則的尺度，發揮得不偏不倚。在工作時間，這位董事長會非常細心地體察到每一位員工所出現的問題，然後會投以他們恰當的關愛，而下屬得到董事長的關愛後會受寵若驚，就會更加努力地工作，覺得為這樣的上司效命很開心，自己的事業也一定會大有前途。但是，這位董事長對員工的關愛並非無止境的，而是適可而止。在下班之後，董事長幾乎不接受任何下屬的宴會邀請，也不會隨便邀請下屬共同用餐或是到自己家做客，目的就是讓刺蝟法則發展到一個合適的尺寸，董事長既不高高在上，也不會和員工不分你我。這樣員工才會懂得珍惜他得到的每一次關愛。

也正是合理地運用了刺蝟法則，員工和董事長之間始終保持著適當的心理距離，公司的業績蒸蒸日上。這是商業精英管理上的最佳狀態，既不會讓人覺得上司高高在上，也不會讓下屬喪失必要的熱忱，既可以約束上司的行為，也可以約束員工的行為。所以，掌握了它，也就掌握了成功管理的法則。

說出對方的姓名：卡內基的生意經

你能用最簡單的方法讓初次見面的人感覺他見到了老朋友嗎？

你用什麼方法能讓顧客在一兩次消費後發展為你的長期客戶？

你怎麼做，顧客才會心甘情願地掏更多的錢購買你的商品？

你怎麼做，對方會以儘量低的價格和你發展為生意夥伴？

記住，並說出對方的名字。美國著名人際關係學大師戴爾．卡內基曾說：「一種最簡單但又重要的獲取對方好感的方法就是牢記對方的名字。」在任何一種場合，及時叫出對方的名字，不僅是對對方的尊重，也能讓對方感覺到尊重，這樣就能在瞬間拉近雙方的心理距離。這樣，你就為說服對方打開了一個良好的開始。

當你走進自己熟悉的服裝店，想為自己挑選一套正裝，店員禮貌地說：「先生請進。」你可能會不在意這位店員的存在，而你挑選服裝時腦子中也不會摻雜別的情感，你是一位普通的消費者，你會根據自己的經濟實力、著衣喜好來挑選自己喜歡的服裝。但是，當店員禮貌地說：「請進，查理先生。」這時你一定會用驚訝和興奮的目光看著店員，頗有賓至如歸之感，自己只是一個普普通通的顧客，店員竟然能記住自己的名字，多麼親切呀！當你受到如此尊重後，就會對這家服裝店充滿好感，接下來你挑選衣服時就會懷著一種美好和感激的心態，而不會為高昂的價格而糾纏不休。

這就是商家的一種經營手段，利用客戶資訊入檔的方式來拉近彼此間的距離，以間接的方式說服顧客，讓顧客覺得這是一家有品味、有品質保障的商店。

同樣的道理，在任何一種場合下，及時地叫出對方的名字能讓朋友之間關係更親密，能讓陌生人像是見到了老朋友，這樣，你的「朋友」能不支持你嗎？鋼鐵大王的安德魯．卡內基就是這方面的高手，他正是運用了重視對方名字的方式贏得了一筆又一筆生意。他是一個從小就善於開動腦筋的人，他之所以能將其發揮得如此到位，要源於童年的一件小事。

在卡內基十歲時餵養了一隻母兔，後來這隻母兔就生下了幾隻小兔子，但是他沒有那麼多錢給小兔子買食物吃。於是，他對周圍的小朋友說：「誰要是能拿來餵養小兔子的食物，我將會用他的名字給小兔子命名。」這樣的倡議激發了很多小朋友們的積極性，他們紛紛踴躍地給小兔子提供食物。

這件事讓童年的卡內基得出了一個深刻的啟示：每個人都很在意自己的名字，利用它一定會有意外的收穫。在卡內基後來的商業生涯中，他就將此法運用到了說服競爭對手和客戶中。

在一次競標中，卡內基的公司為了競得太平洋鐵路公司臥車的合約與競爭對手布林門互不相讓，雙方都不斷降價，標價甚至已經到了無利可圖的地步。

後來，卡內基和布林門都到紐約參加太平洋鐵路公司的董事會。恰巧的是二人在門口相碰，卡內基就向布林門提議在此事上採取合作的方式，共同成立一個新公司，這樣不僅可以化解前嫌，還能共同謀利，惡性競爭對於雙方來說是沒有好處的。布林門認為卡內基的建議不錯，但是他對之前的事情依舊耿耿於懷，這次的建議也不能完全接受，所以仍有遲疑。

這時，布林門突然問卡內基：「我們要是合作的話，公司應該取什麼樣的名字呢？」「當然是布林門臥車公司了！」卡內基脫口而出。「那好吧，我贊成你的提議！」布林門聽了，眼中頓時冒出興奮的表情。

卡內基抓住了人們普遍存在的心理，就是這樣一個小小的舉動，他在瞬間將生意對手轉變成為了生意夥伴。而在生意場合上，偉大的鋼鐵大王卡內基不止一次將其發揮作用。

卡內基曾經準備在美國的賓夕法尼亞州修建了一家專門生產鐵軌的鋼鐵廠，而他們面臨的最大客戶就是賓夕法尼亞鐵路公司，如何才能將自己的生意進展得更順利，產生更大的經濟效益呢？卡內基經過一番思考後將這家鋼鐵廠命名為「湯姆生鋼鐵廠」，因為湯姆生是賓夕法尼亞鐵路公司的老大。最終的經濟回報如卡內基當初設想得那樣豐厚，只要賓夕法尼亞鐵路公司需要鋼軌，他們就會從「湯姆生鋼鐵廠」購買。

在以上兩則故事中，卡內基以對手名字命名公司名稱的方式贏得了一筆又一筆效益，所以逐漸成就了自己的鋼鐵王國。研究發現，在任何語言中，對於任何一個人而言，最動聽、最重要的聲音就是他自己的名字。當卡內基以自己最需要的人的名字命名後，對方在無形中就會與這個公司拉近關係，會認為自己對這個公司的重要性，以及這個公司對自己的尊重，心裡就會產生一種強烈責任心和榮譽感。這恰恰正中卡內基的下懷，卡內基只是以一種形式和名義上的損失而說服了對手，贏得的卻是實實在在的經濟效益。

用你的身體距離來操控對方的心理？

「距離產生美」是大家都很熟悉的交際法則，但多數人是不能真正做到的。當雙方保持適當的身體距離時，就會產生相應的心理美感。由此可知，通過把握自身和對方的身體距離，就能操控對方的心理活動。

心理學家常說，美感在適度的距離上產生，情感在適度的距離上昇華。那麼，什麼才是最恰當的身體距離呢？親密而不喪失距離感的距離。最佳距離的產生依賴於客體提供的條件和主體認識條件的交叉，這就會導致審美經驗的多樣性、個體性。總而言之，最佳的身體距離即「親密有間，疏而不遠」。但是，這樣的表述又過於籠統，因為在心理學上，距離的概念一般可以分為親密距離、個人距離、社交距離、公共距離，而它們都有各自的標準。

「親密距離」應該保持在十五公分到四十五公分之間。這樣的距離基本上能接觸到對方的身體，有絕對的私密性和親密性，禁止外人介入，適用於情人、夫妻、父母與子女、密友之間。

「個人距離」一般保持在四十五公分到一公尺之間。這一間距正好是雙方正常握手時的距離，它通常用於熟悉的朋友之間。

「社會距離」比較靈活，彈性大，在一公尺到三公尺之間均可。這種距離是正常的交際距

離。

「公共距離」一般都在三公尺以外，即公共場合下的公園散步、路上行走、演講、授課等都是這樣的距離。

以上四種身體的距離代表雙方不同的關係，遵守這個標準則視為正常，而擴大或縮小都會產生不同的影響和效應。當然，這種規則也並非絕對的。比如，你和一個陌生人在路上會保持著一種公共距離，而在乘公車時或同時參加一個活動時，若一個陌生人的旁邊剩下兩個座位，你會隔著一個座位坐下，而只剩下一個座位時，你只能和他挨著坐。這種現象就是人們普遍的心理狀態。和親密的人接觸，你不會產生比較大的心理波動，但在數十個甚至數百個座位空著的公共場合下，一個陌生人偏偏坐在了你身邊時，這種逾越雙方關係的身體距離就會讓你感到不舒服，對方給予了你一種壓力和威脅。但是，這對於雙方來說，或至少對其中的一方是有利的，會產生積極的效應。

傑克是一個調皮的初中二年級學生，他根本不遵守班級的紀律，打架鬧事對他來說簡直就是家常便飯。他的性格太固執、太野蠻了，無論如何都改不了。班級中的很多同學都不喜歡他，尤其是一群女生，可是又沒人敢得罪傑克。就連所有的老師都對這個頑皮的孩子失去了信心和興趣。

傑克又欺負人了，是一個性格內向的女生——麗莎。為此，脆弱的麗莎竟然生病了。於是，大家一致認為傑克必須向麗莎道歉，這也許才能讓麗莎的病儘快恢復。可是，沒有一個人能說服傑克。年輕的女外語老師出馬了，她平日是最討厭傑克的。

課間，傑克一個人坐在教室外的涼亭。突然，外語老師坐在了他的身邊，而且挨得很近。這讓傑克覺察出「來者不善」，所以，將身體故意往外挪了一點。之後，外語老師也將身體向傑克挪了一點。如此反復好幾次，他們像是做著一個無聲的遊戲，此時，傑克已經挪到了長凳的邊緣。外語老師又將手臂搭在了傑克的肩上。傑克已經真切地感受到了外語老師的體溫和身上的香水味，臉一下子紅了。「傑克，有什麼不開心的事嗎？」外語老師溫柔地問。「沒有。」傑克的聲音很低。「麗莎現在很不開心，你知道嗎，她都生病了。」外語老師繼續說，「那你能去看看她嗎？」傑克的臉更紅了，很久之後才說話：「嗯，好的，我是應該去看看她，這都怪我。」

外語老師本來不喜歡傑克，雙方處於一種敵對的狀態，身體距離本應該很疏遠，但外語老師逾越了這種規範。她通過身體的親密接觸，讓傑克的心理上產生了一種警惕——感動——慚愧的狀態。所以，外語老師最終成功地說服了傑克。而這種說服的方式在很多方面都能得到體現。

FBI（美國聯邦調查局）的員警在審問犯罪嫌疑人時也很善用身體距離的讀心戰術。員警們只要一問完話就會馬上靠近犯罪嫌疑人，而後用雙膝挾住犯罪嫌疑人的單膝。在這種情況下，犯罪嫌疑人會看清楚員警極具殺傷力的眼神，嗅到員警咄咄逼人的氣息。這無異於是將一種震懾力侵入了犯罪嫌疑人的體內，會讓他們產生一種不安、恐懼的感覺，所以，他們會最大限度地坦白自己的犯罪事實。

從FBI員警審理案子的方法上也可以看出，在合適的時機，運用不合常規的身體距離——親密法可以震懾到對方的心理，從而能達到一種說服作用。但是，這種方法並非在任何情況下都適用，有時，不恰當的身體距離會使本來向積極方向發展的事情變得很糟糕。

一位著名的書法家到廟宇上香時應主持之邀為寺廟題寫一方匾額。寺廟方面準備好了筆、墨、紙、硯文房四寶，要讓書法家大顯身手。鋪紙研墨，一位小沙彌在旁邊侍候著。

書法家寫完之後，小沙彌隨口說：「大師，我感覺這幅沒寫好，沒有發揮出來您的真實水準。」書法家呵呵一笑說：「那就再寫一幅吧！」可是寫完之後，小沙彌說：「我感覺這一幅寫得還沒有上一幅好呢！」於是書法家就又寫了一幅，但是，小沙彌總是認為不好。接下來，書法家一連寫了數十幅，小沙彌的態度依舊如此。「大師，您先休息一下吧，我去一趟茅房。」小沙彌對書法家說。小沙彌走後，大師有一種如釋重負的感覺，隨手又寫了一幅。「哎呀，這幅太好了，簡直妙極了，爐火純青！」書法家剛落筆，小沙彌回來了，興奮地看著那幅作品說。

這就是和以上兩個案例相反的距離效應，即疏遠和對方之間的距離，也能在對方的心理上產生出意想不到的效應。

六、氣場力

- 強大的氣場是一個人的存在感和吸引力之所在，是他身上無與倫比的光環。
- 對於一個成功者來說，專業知識所起的作用只占15%，交際能力卻占85%。人際關係的和諧和交往水準的高低是判斷成功者的重要標準。
- 這一切都源自一個人的氣場，強大的氣場能讓你在職場上如魚得水，始終位於一個特定空間的中心，人人都圍著你轉，至少不被邊緣化。先為成功的人工作，再讓成功的人為我工作。

氣場力就是說服力

美國第一心靈大師皮克·菲爾（Peake Phyl）曾說：「強大的氣場是一個人的存在感和吸引力之所在，是他身上無與倫比的光環。」究竟什麼是氣場呢？

氣場就是一個人綜合素質的體現，不是虛擬的，而是客觀存在的。一個人的氣場往往會由內到外不斷地散發出來，可以通過形態、言談、氣勢、動作等方式表達出來，這歸根到底都源於一個人的自信心。一個擁有強大氣場的人可以影響和震懾很多人，可以有足夠吸引力讓別人崇拜他。不過，氣場並無好壞之分，只有強弱之別，許多明星和領袖都具有非凡的氣場，即是一種特殊方式和思維指導下的行為方式。著名人際關係學大師卡內基曾經這樣描述氣場：「對於一個成功者來說，專業知識所起的作用只占15%，而交際能力占85%。人際關係的和諧和交往水準的高低是判斷成功者的重要標準，但這一切都源自一個人的氣場，強大的氣場能讓你在職場如魚得水，始終位於一個特定空間的中心，人人都圍著你轉，至少不被邊緣化。」

如今，氣場已經成為全世界所有成功人士成功的一大秘訣。世界首富比爾·蓋茲、美國總統歐巴馬、世界最著名的脫口秀主持人奧普拉、阿里巴巴集團創始人馬雲等都在研究它、評價它、運用它。聰明的政治家會運用它說服選民為他投上寶貴的一票；智慧的商人會利用它說服自己的生意夥伴做出更多的利益讓步，會讓股民把更多的資金投向自己的產業；即使是斯斯文文的作家，利用好氣場也會使他名利雙收。是的，就是這樣的，擁有強大氣場的人可以影響和震懾很多人，可以有足夠吸引力讓別人崇拜他。氣場強大的人一出現便能震懾全場，他們能輕而易舉地控制別人難以掌控的場面。而氣場弱小的人即使一直在忙，也做出了很好的成績，卻少有人會注意到他，他們甚至還會經常做一些出力不討好的事情。這就是氣場的效應，它對於我們是否能說服別人起到至關重要的作用。

在我們的各種交際中，那些氣場強大的人總是如魚得水，他們的言行看起來兩全其美，比如，他們在為別人付出的同時，自身也贏得了回報，就如「要先擁有苗條的身材，就把食物分給饑餓的人；若要優美的嘴唇，就要多講親切的話語……」之類的行為一樣。在這個世界上，強大的氣場只是微乎其微的人才擁有它。有句話說得好：人與人之間，只要氣場吻合，他們之間就沒有辦不成的事情。

然而，究竟什麼是氣場？如何獲得氣場？如何讓氣場使我們在逆境中獲得重生？如何利用氣場獲得幸福、快樂、健康、愛情、財富？如何利用氣場改變命運？如何用氣場說服我們所要說服的人？在我們的生命中，氣場法則並非吸引力法則，卻遠遠大於吸引力法則帶來的效力。吸引力法則更多的是依賴一個人的天賦和意志，氣場則是生命中本身就擁有的，可以輕易獲得的，不需要特意去說某些話、去做某件事而可以改變命運的萬能鑰匙。

正如一位著名的心理學家研究得出：男性和女性微笑的力量是不一樣的。對於女性而言，她的微笑一般會贏得更多的讚美和消費；對於男性來說，他的微笑可能會讓他人誤解為「有不軌的企圖和動機」，男性真正的或是更大的氣場不在於在對手面前微笑，而在於讓對方微笑。這就是在向我們揭示一種不可改變的氣場法則。這也是在很多公司的前臺都會看到一位年輕貌美、氣質優雅的女性的原因，目的就是要為公司贏得更大的氣場。如此結論並不是空穴來風。心理學家林德和博蒂爾就曾經在一家飯店做過如此的實驗：在一個飯店裡，讓一批男服務生和女服務生去為數量、性別比例、年齡都相同的客人服務，之後的結果顯示，當女服務生面帶微笑地去為客人服務時，總會得到比較可觀的小費，而無論男服務生是否微笑，得到的小費總是沒有女服務生多。

但是，這並非製造氣場的全部，更多更大的氣場是一個人綜合素質的體現。強大的氣場則取決於一個人弱點的多少與好壞程度，就像一個木桶的容積取決於木桶周圍最短的木板。雖說氣場並非天生就擁有的，不可能一下子就學會，但它可以在後天環境和成長中不斷涵養。

在我們的生活中，自身的很多特點會決定氣場的強弱，如一個人的信念、能量是可以改變氣場的。你若對目前的工作充滿信心，即使是困難，也會用一種積極的情緒和不同於常人的心態去面對，久而久之，你就會形成一種強大的氣場。再如，你在公眾場合下說話時不能正常地發揮自己的能力，這也會削弱你的氣場。不過，一位經驗豐富的演講者曾經說：「其實演講者多數時候的緊張情緒是很難被對方發現的。在演講中，儘管我們的神經系統帶給我們的身體很大的衝擊力，但對方只能看到很微弱的一部分。即使演講者手心冒汗、心跳加速，對方也不會體會到演講者有多麼的緊張。所以很多演講者雖然很緊張，但還會保持著一種鎮定、自信的狀態。而那些從來不說自己緊張的優秀演講者並非自身不緊張，而是利用別人不具備的氣場掩蓋了這些。」

大人物、小人物，同樣擁有強大的氣場

在我們的生活中，每個人自身都有不同的氣場。有的大人物的一句話能壓得住場面，有的小人物的一個動作也能讓全場為之歡呼；有些氣場強大的人是世界上一流的富豪，身價數億、聲名顯赫，而有的氣場強大的人只是一個普普通通的老百姓，可能在面臨災難時淡淡一笑。總之，氣場的強弱不是以成敗而論的，而是一個人處世的態度和能力。

微軟總裁比爾·蓋茲舉世皆知，富可敵國，這就與他自身強大的氣場是分不開的。

二〇〇四年，微軟總裁比爾·蓋茲來到中國北京，一位專家希望在微軟公司發起一場關於「人人都有吸引力」的微笑訓練。之後，這位專家和比爾·蓋茲進行了僅有十五分鐘的談話，比爾·蓋茲的氣場給專家留下了深刻的印象。

他們約定在一家飯店的套房內會面，令專家驚訝的是，比爾·蓋茲非常準時地來到了飯店的套房內，簡直以秒計算。比爾·蓋茲謙遜的態度和精確的時間觀念讓專家感覺到這是對自己的尊敬，頓時也對比爾·蓋茲肅然起敬。專家突然想起，他曾經約見過的一位CNN主持人足

足晚了四十分鐘，還振振有詞地說已經夠早了。

還有，比爾·蓋茲的衣著一絲不苟，白色襯衣、灰色的細格子西裝、顏色稍深些的領帶，身上絲毫沒有ＩＴ商人的散漫做派。他的氣質和氣場讓人覺得這絕對是一位了不起的人物。也許是行程緊密和工作勞累的緣故，比爾·蓋茲的臉上有一絲疲憊，鬢角也有一點白髮，但這更能顯示出他的氣場深度。

從比爾·蓋茲的身上就可以得出：一個人的氣場不是在短時間內就可以練就的，而是要在生活中磨練而成。每一個目標也許不能成功，但只要真心付出，就會練就出不一樣的氣質，就如同一位專家說的那樣：「其實，提升自己氣場的過程就是一次極佳的鍛煉，也許沒有收穫太美好的結果，但整個人的氣質都會有所改變，因為你找到了努力的方向，眼神變得堅定，腳步不再猶豫，內心不再迷惑，這和之前的氣質遠遠不同。」

另外，蓋茲的這種氣場不僅在無形中影響和感染了他人，還說服更多的人為他工作。正如他自己曾經所說的話：「先為成功的人工作，再讓成功的人為我工作。」相反，強大的氣場也會體現在一個普通人的身上，它更多體現的是一種人生態度。

美國經濟的大蕭條時期，一位普通家庭的少女瑪瑞還是很幸運的，她在一家高級珠寶店裡找到了一份銷售珠寶的工作。

一天，珠寶店裡進來了一個神情詭異的小夥子，他的眼神總是離不開玻璃櫃裡的珠寶。瑪瑞斷定他並不是來買珠寶的。恰在此時，瑪瑞不小心碰翻了一個杯子，幾個戒指掉落到了地上。她慌忙地在地上尋找戒指，找來找去卻發現少了一枚戒指。這時，瑪瑞看見剛才的那個小夥子快速地走向門口。

「很抱歉，先生，請留步。」瑪瑞喊住了他。

「有什麼事情嗎？」小夥的回答有些緊張。

瑪瑞並沒有說話，只是靜靜地看著小夥子的臉。

「有什麼事情嗎？」小夥子重複了自己的話，但語氣顯得更加怯弱。

「先生，我已經失業很長時間了，這是我剛找到的一份工作，這個時期大家的生活都很困難，你說對嗎？」瑪瑞依舊靜靜地看著小夥子的臉，眼神顯得無辜而又溫柔。

「是的。」很長時間後小夥子才回答，神情似乎顯得異常，眼角有些抽搐，他走到櫃檯前把戒指放在了櫃檯上，又說，「真的很抱歉。」

「祝你好運！」瑪瑞溫柔地說。

這原本是一場盜竊案，但瑪瑞並沒有大呼小叫，或是表現出緊張的情緒。儘管瑪瑞的生活非常窘迫，她卻沒有以此給小偷造成一種可憐的樣子，而是用一種尊重和同情的態度去面對小偷。她用淡定自若的行為說服了小偷，這就是一種氣場，一種強大的說服力。試想一下，如果瑪瑞對小偷示弱或者大呼小叫，結果只會與之相反。

提升氣場的24條建議

1. 氣質是最重要。

如果你做不到華麗和高貴，就要做到淳樸和簡潔，這也是一種氣質。

2. 不要輕易借錢。

借錢有時是一種軟弱和無能的縮影。

3. **不要「逼」對方看你的隱私，如日記、相冊。**

別人也許對你所珍重的東西根本沒興趣。

4. **在困難面前也要學會微笑。**

若你的外在條件不好那勢必要讓自己有才，如果還做不到，一定要善於微笑。

5. **握手時間可以稍微長一點。**

對方會認為這是你的真誠，會感覺像是見到了老朋友。

6. **記住，主動買單。**

對方不差一點錢，但買不買是你的風度問題。

7. **背後要說人好。**

好話和壞話一樣，都會以最快的速度傳到對方耳朵裡。

8. **「我」不要經常掛在嘴邊。**

這樣會讓對方覺得你是和他劃清界限，而說「我們」則會拉近雙方的距離。

9. **你過去的事情不必全部告訴別人。**

傾囊而出似乎是對別人的尊重，其實對方認為你沉不住氣。

10. **尊敬對你有意見的人。**

你尊重對方時，可能不希望得到回報，但對方起碼不會再給你落井下石。

11. **一定要學會感恩。**

沒有人對別人的幫助是理所當然的，包括你的父母，不懂感恩的人早晚會被對方拋棄。

12. **經常讚美別人。**

儘管對方可能知道你的讚美是虛假的，但還會當作好話聽的。

13. **一定要為臺上表演的人鼓掌。**

掌聲是表演者最迫切需要的回應，你要成人之美。

14. **拒絕對方時一定委婉。**

人人都需要面子，即使是一個平時不在乎面子的人，內心深處也會很在意的。

15. **公共場合不要高談闊論。**

你可能說得並不恰當，而不說得太多會給對方留下一個懸念。

16. **朋友在你面前講別人壞話時，請笑而不語。**

此時，你只要一開口說話就很可能會出現差錯，而微笑是對對方最好的回應。

17. **不要希望你能得到每個人的贊同。**

能得到大多數人的支援已經是一個成功的人。

18. **自尊，但不自戀；自信，但不自大。**

不卑不亢是最合適的人生態度。

19. **正確面對失敗。**

一定要相信，上帝對每個人都是公平的，只是別人的缺點和醜惡沒有讓你看見而已。

20. **不要因為別人指出你的缺點而不高興。**

這是一次你要得到改善的機會，何樂而不為呢？

21. **不要斤斤計較。**

多一點和少一點對你的生活其實沒多大影響。

22. **不要聲張自己的優點，不必掩蓋自己的缺點。**

只有這樣，你才能逐漸成為一個完美的人。

23. **不要隨便給別人出主意。**

此時的對方最不理智，你的主意若不是絕對正確就不要說，否則會引起對方的反感。

24. **經常反省自己。**

不必把反省想得那麼沉重，它其實和每天都要照鏡子一樣的愉快。

之三

反洗腦實踐

Anti-
Brainwash
Practice

蘋果公司的前任首席運營官兼創辦人之一約伯斯的演講遵照古希臘最偉大的哲學家之一亞里斯多德經典的五要素原則，樹立了五個有說服力的論點：

1. 講述一個故事或提出一個觀點，激發聽眾的興趣。

2. 拋出一個問題，然後必須得到解決。

3. 對你提出的問題給出一種答案。

4. 描述採納你的解決方案能帶來的具體利益。

5. 號召聽眾行動起來。

這就是一個成功人士所運用的掌控技巧。說服對方的技巧很多，如勿逞一時口舌之能、不要直截了當地指出對方的錯誤、勇於承認自己的錯誤、以親切和悅的態度軟化對方的防衛、以觀點一致的話題作為談話的開始、激發對方的自尊心、給他人充分說話的機會等。但是，很多讀者在此往往會逃脫不了幾個弊病，如，先想好幾個理由，然後去和對方辯論；站在高處，用領導和教訓的口吻去說服對方；不分場合對人進行語言攻擊等，這些都不是說服對方的權宜之計。

如何利用這些技巧要講究方式方法，要因地制宜，因人而異，下文將為讀者介紹 36 種常用的說服技巧。

第五章
掌控的真相

你是否會有這樣的無力感？遇到自己喜歡的他（她）不知道如何表達？很心儀的項目，卻因為溝通無力而丟失？談判場合，你因為一句話丟失了重要客戶？我們期待著能夠理性地支配著自己的生活，可是我們為什麼卻無法掌控自己的行為？我們對自己的現狀很不滿意，可是為什麼卻無法抵擋非理性的誘惑？事實上，摒棄拖拉、抱怨、放縱、迷惘、自我懷疑的負面能量，掌控自己的生活，將人生安排得井井有條，成為自己的主人，這便是掌控的真相。

反洗腦實踐

一、有技巧的說服術

人們被說服的前提，是他們得到了自己想要的需求，從你那裡得到了安全感。也就是說，說服的過程是不斷滿足的過程。

見人說人話，見鬼說鬼話

常言道：「見人說人話，見鬼說鬼話。」這其實是一種說服方法，即針對不同的人施展不同的語言技巧，就像美國田徑運動員路易斯說的那樣：「找到一雙適合我的鞋，然後繫緊鞋帶，這就是我跑得最快的原因。」

北京的一條胡同裡有家理髮店，這裡一年四季顧客盈門，原因是這家店的老師傅不但手藝好，而且能說會道。後來，因為生意太好了，老師傅就收了一位徒弟，久而久之，徒弟也能上手了。這個徒弟勤勞能幹，手藝也還可以，但性格憨厚老實、不善言辭，面對顧客的問題總是答不上來。

一天，徒弟給一位老先生理髮之後，老先生照了照鏡子說：「小夥子，你給我理得也太短了吧，顯得過於張揚了。」徒弟聽後臉一下子紅了，一時間吞吞吐吐，不知道該怎麼說。這時師傅說話了：「老哥別見怪，我這徒弟就是嘴笨，像您這年齡呀就不能留長了，長了顯得不俐落，您看我這頭，咱們上了年紀的人就應該理短一點，這樣顯得年輕、精幹！」老先生一聽哈哈大笑：「是呀老弟，咱們得越活越年輕。」

第二天，徒弟給一位年輕人理髮，理完後年輕人照了照鏡子說：「哥們，你理得是不是太長了，我看著怎麼這麼不舒服呢！」年輕人的語氣有點重，徒弟又是支支吾吾地說不出個「子丑寅卯」。這時，師傅說：「嘿，小夥子，你看我這頭，再看你那頭，你是年輕人嘛，常在社會上混，頭髮太短了顯得太張揚，不穩重，我們這些老頭子沒什麼社交，理得短一點就是圖個方便，你們年輕人的頭髮長一點顯得含蓄斯文。」年輕人一聽覺得言之有理，摸了摸頭笑著就走了。

又有一天，徒弟給一位胖子理髮，很快就理好了，胖子就不滿意地說：「你可真夠利索的，這麼幾下就理完了，錢掙得是不是太快了！」徒弟還是滿臉通紅，瞅了瞅師傅，師傅見機笑道：「哎喲先生，一看您就是生意人，時間金貴，時間就是金錢，這不是為了給您節省時間，您要是不滿意，我再為您修一修。」這位胖子照了照鏡子說：「理得時間是短，不過手藝還可以，不用修了。」

後來，徒弟就向師傅請教說話之道，師傅語重心長地說：「人心千奇百怪，幹咱們服務行業的，不僅手上的功夫要硬，嘴上的功夫也要硬，這樣才能讓每一個顧客滿意，一句話有時可以說得使人跳，也可以說得使人笑。」

世界上的人千種萬種，千種萬種的人自然會有千差萬別的想法。所以，在面臨對方的不滿時，就看你怎麼去說，任何事情都有它的兩面性，就看你能不能找到說服對方的切入點。

一語驚人

在我們的交際中，說得多、說得好聽，不一定能讓對方心服口服，也就是「說得好不如說得巧」。

有位記者朋友很擅長撲克牌，他總是隨身帶著一副撲克，在朋友圈內，他的牌技絕對是一流的。他曾經說，從上高中時，自己就希望將來能做一名記者，為此他不斷努力，參加了幾次高考後才考進了一所名牌大學。

畢業後，他到一家著名的報社去應聘，很順利就通過了筆試。接下來面試的時間到了，他抽籤時卻抽到了最後一個。為了打發無聊的時間，他就掏出撲克牌，練習起撲克魔術的遊戲來了。直到面試官通知他時，他才匆匆忙忙地把紙牌塞進了褲袋裡，徑直走到考官面前。

考官的問題他回答得很輕鬆，但臨走時考官突然提出，要他留下一張名片。這位朋友頓時蒙了，因為他沒有名片。情急之下，他從口袋裡抽出了一張撲克牌，是一張黑桃A——最大的牌。他很冷靜地對考官說：「尊敬的考官先生，這是我的另一種名片，代表做事的理想和追求。」考官愣了半天，很淡定地說：「恭喜你，我現在就決定，你被錄用了。」

一個極其尷尬的局面就這樣化解在精彩的回答中。考官徹底被他的智慧折服了，他被報社錄取了。一個人的睿智決定了他處理事情的方式，以及面對問題時的應對方式。不到最後，沒有所謂的失敗，抓住任何一點機會，急中生智就有可能做到一鳴驚人。

一個年輕人想去應聘廣告行業，可惜的是他沒有一丁點的經驗，又不想進那些小公司，為此，他費盡心機。最後，他如願以償地進入了一家世界級的企業。為什麼呢？這源於一封特殊的求職信。

他的求職信沒有華麗的裝飾和繁複的簡介，只是一個大的包裹。在一堆千篇一律的求職信中，他的「包裹求職信」分外顯眼，包裹被打開之後，裡面只有一張嬰兒用的紙尿片，正面寫著：在廣告行業，我只是個嬰兒。背面是他的聯繫方式。

很快，他就接到公司的面試通知。面試官就問他：「你為什麼選擇用一張尿片做簡歷呢？」

「在廣告業，我沒有經驗，我想以此創意來說明我的能力。我在這個行業，我願意強效吸收，就像這個紙尿片一樣。」

你不是沒有優點，而是不突出；你不是優點太少，而是缺乏閃光點；你不是缺乏最出色的優點，而是不知道怎麼樣去發揮優點。請相信自己，開動你的腦子，發揮你的智慧，當你用合適的、精彩的語言去推銷出自己時，你已經離成功不遠了。

從以上這兩個故事中我們就可以得出：快跑的未必能贏，力戰的未必得勝，智慧的未必得糧食，明哲的未必得資財，靈巧的未必得喜悅，成功者就是在合適的時間做了合適的事，說了合適的話。

繞個彎子說話

查斯非德公爵在家書中告訴兒子：「盡可能使自己比別人更聰明，但千萬別讓對方覺察到這一事實。」這也是一種處世的態度，和別人相處，尤其是處理糾紛時，委婉含蓄的方法會取得較好的效果。偉大的耶穌曾告訴人們，要「同意你對手的意見」。在現實生活中，一般情況下，不要和你的客戶、愛人、朋友爭論不休，也不要做出使他們惱羞成怒的舉動，凡事運用一些手腕，就會化衝突為和諧。

在亞特蘭大的一條大道上，一位衣冠楚楚的富人把自己的愛車停在了路邊，他下了車之後點完一支菸，隨手將空菸盒扔在了地上。這時，路邊的女清潔工叫住了他，微笑著說：「先生，您的菸盒不要了嗎？」這時，這位富人才意識到自己的不文明行為，便不好意思地說道：「抱歉，女士，這是我的錯！」說完帶著一絲窘迫匆匆離開了。

亞特蘭大的女清潔工在面對別人不尊重自己的勞動成果的時候並沒有直接揭穿，或是採取不恰當的行為，而是運用委婉含蓄的說法，結果那位富人撿回了自己扔的垃圾，並為自己的不文明行為感到羞愧，對女清潔工充滿了敬意。

「蘇格拉底式」的回答

一個精明的人總是能掌握談話的主動權，當然，並不在於所說話的多少，而是要運用一些合理的方式方法。想要說服對方就要先讓對方贊同你，而讓對方贊同你之前，要在談話方式上營造一個讓對方說「是」的氣氛，而不是營造一個讓對方說「否」的局面。這就要靠你去積極地、主動地啟發對方、鼓勵對方接受自己的意見，甚至可以設立一些陷阱，讓對方在不知不覺中順著你的思路思考。

這種誘導對方多說「是」的交際法則被稱為「蘇格拉底式」的回答，在說服技巧中尤為有效，能夠幫助我們準確地抓住對方的心。但是，在運用這種方法時，一定要格外注重談話的開始，切忌提出一些有爭議的觀點，而是要順應對方的思路，強調彼此間的共同語言，從對方的角度提問。

比如，一位推銷員在和客戶進行買賣之前，可以向客戶說一些「今天的天氣真是不錯、您的打扮很得體、這個小朋友好可愛呀」之類的話題，這樣就容易給對方營造一個說「是」的氛圍。在推銷員接下來的業務談判時，就可以漸漸切入主題，說：「我是這個產品的銷售主管，這裡有一些不錯的品牌，請您可以先看一下。」這時，對方就會在不經意間答應推銷員的請求。其實，只要有了一個良好的開端，接下來的談判就順理成章了。

在營造「蘇格拉底式」的氛圍中，還需要注意哪些事項呢？為此，美國的一位著名學者曾經提出讓對方說「是」談話指南，給讀者摘錄一些如下，僅供參考。

1. 時刻照顧對方的情緒，即使你處於談話上的優勢。

2. 要用充滿信心的態度和對方說話。

3. 讓對方感覺到，沒有他的協助你將難以完成這件事情。

4. 闡述你的要求時要簡明扼要。

5. 不要以高壓手段向對方示威。

6. 向對方表達自己的希望時要坦誠。

7. 找出對方感興趣的話題。

8. 尤其是在對方處於弱勢時，態度一定要親切。

9. 尊重對方的好奇心。

10. 讓對方自由地抒發自己的意見。

以退為進，先給對方一點甜頭

在很多場合下，對方的態度和決定我們難以改變，而強行讓對方接受自己的觀點又是不太現實的。此時最好的辦法就是採取以進為退的戰術，既可以保住雙方的自尊心，又可以達到自己的目的。

一位年輕的工頭接管了一個幾十人組成的工作隊，由於年輕無經驗，經常會出現差錯，弄得他措手不及。一天，其中的十幾個工人被安排到了另一個工程中，而這邊的工程中突然接到一個緊急的任務，需要必須在一天內完成。事實上，這個任務並不在工隊的工程範圍之列，所以工人們根本不願意做，更何況，外面的天氣正豔陽高照。這下可急壞了工頭。這位年輕的工頭絞盡了腦汁，最後想出一個辦法。他買來了一大堆的菸酒食物，走到工人的宿舍說：「今天天氣很熱，大家先來喝點酒抽點菸，歇一歇……」所有的工人都很高興地開始喝酒吃肉，滿屋子充滿笑聲。等到下午，太陽已經不再炙熱，這位年輕的工頭又來到工人的宿舍，說：「大家休息得也差不多了吧，你們看，現在外面也沒有那麼熱了，還是請大家幫幫忙，把這點工作做完……」這時，所有的工人紛紛走出了宿舍，高高興興地開工去了。這位年輕的工頭的說服方法回避了在天氣太熱時讓工人工作，否則只會將矛盾激化，怨氣滿天。

用準確的數字說話

蘇格蘭的批評家、諷刺作家湯瑪斯．卡萊爾曾經說：「你應當用數字來證明一切。」的確是這樣的。數位不僅僅是一種語言符號或一種語言資訊，還能讓人產生一種真實、具體的心理，讓人產生清晰的圖像，形成確信無疑的心理狀態。這正是人們針對很多事情時所期待的，當你給予對方這樣的答案時，他沒有理由不相信你、支持你。

一九七二年，女國會議員貝拉．伯朱格發表了一次演講，她來自美國紐約，演講的目的是要呼籲女性也應該和男性一樣在政治上擁有平等的地位。

貝拉．伯朱格嚴肅地說：「就在幾個禮拜之前，我參加了一次國會，那時在座的有七百多人，我們的總統說『今天，這個大廳裡雲集了美國政府的全體成員和內閣成員……』我看了看四周，在這七百多名的政府要員中只有十二位女性，在四百三十五名眾議員中只有十一位女性。更可惜的是，內閣成員中沒有女性，最高法院中也如此……」

很顯然，貝拉．伯朱格之所以如此詳盡地列出這些資料，無疑是讓人們看到男性和女性在國家政治生活中的比例的懸殊對比，以此來展開自己的演講，提高演講的說服力。對於聽眾來說，無論他是否贊同貝拉．伯朱格的關於「提高女性政治地位」的觀點，但在這些確鑿的數字面前，都不得不承認在國家政治生活中的確存在著男女比例嚴重失衡的情況，女性受到忽視的問題和不公平的待遇。而這恰恰就是貝拉．伯朱格演講的目的。

登門檻效應

登門檻效應是從推銷員的推銷技巧上而來的，即你登門推銷產品時卻遭到了主人的拒絕。當推銷員敲開了別人家的門：「您好先生，您需要……」「抱歉，我不需要。」說完之後門「啪」的一聲門就關上了；在商場門口做問卷調查的人面對形形色色的行人，儘管說破了嘴皮，也難以讓行人的腳步停留。

如何解決這種尷尬，最好的辦法就是要循序漸進地提出自己的要求，先小後大，先曲後直，先「得寸」後「進尺」。這種技巧就被很多聰明的記者發揮得很好，有的記者在採訪名人時，預約好的是十分鐘，結果名人和他聊了一個小時。中國古代有這樣一個故事：

戰國時期，齊國的貴族田嬰，他在齊國地位也很顯赫。有一年，田嬰要在封地上加修城牆，但個人封地上的城牆不能超過國都城牆的高度，這是國法，否則視為誣衊國君。所以，門客們紛紛進諫此城牆不能加修，而田嬰則下令看門的人：「凡來商議此事的人一律不見！」如此，很多門客也就紛紛打消了阻止修城牆的建議。

這天，一位門客來到田嬰的府前，對看門的人說：「我有重要事情稟報，保證只說三個字，多一字甘願受罰。」於是，這位門客被放了進去。面對田嬰，這位門客說：「海大魚！」之後，轉頭就走。「且慢！」田嬰叫住了門客。「大人，我剛才已說只說三個字，我可不敢拿自己的性命開玩笑哪！」這位門客故作誇張地說。「但說無妨，赦你無罪。」這時，門客就義正言辭地對田嬰說：「大人一定知道大海中的魚，它在海洋中能施展千般本領，漁夫用網去捕，可能捕不到，漁翁去釣也可能釣不到，但不幸的是它離開了海洋，來到了乾涸的泥溝裡，這時，就是一個螞蟻也會欺負它，這是為何呢？」門客換了口氣接著說，「大人也有自己的大海啊，您要有齊國的庇護，城牆是否加高有什麼關係呢？但您要失去齊國的庇護，也就失去了海，即使城牆修得再高又有何用呢？」田嬰聽後陷入了沉思，從此再也沒有提及加高城牆的想法。

這位門客運用的說服方法就是先回避主題，引起田嬰的好奇心，進而爭取說話的機會，最後再循序漸進地闡明自己的觀點。我們還可以從另外一個角度考慮，在說服別人前，可以先提出一個較小的要求，讓對方有一個接受的過程，只要對方接受了，事情也就成功了一半，接下來的事情就比較容易了。這個道理如同英國首相邱吉爾說的：「如果你有一個重要的觀點要堅持，不要搞得過於錯綜複雜或是賣弄技巧。要像使用打樁機一樣，打一下，回來，再打一下，然後用很大的力打第三下。」

告訴對方，他對你很重要

人人都想做社會的主角，最起碼是一個群體內的領導者，對很多人來說，這似乎是不可能的事情。而你反過來思考一下，既然改變不了這種奢望的現狀，就要把注意力轉向如何最大限度地去利用現狀，即告訴對方，他對你來說很重要，你是他心中的主角和標杆。美國著名的玫琳凱化妝品公司創始人玫琳凱．艾施就曾說：「你要是能使一個人感到他重要，他就會欣喜若狂，就會發揮出沖天幹勁，小貓就會變成大老虎。」如此，對方能不對一個佩服自己的人有所偏愛嗎？

這是一個競選故事，美國的一個州有個兩兄弟同時參加州長競選，他們在競選中各顯其能。

哥哥買了很多的禮物，如扇子、日曆、小飾品等，將它們送給擁護自己的選民們，他甚至還給了很多小孩子一個甜蜜的吻。哥哥的這一行為獲得了很多選民的支持，選民們紛紛認為：這是一位極有熱情和親和力的未來州長。

弟弟沒有購買任何禮物，也沒有什麼熱情的舉動。他在發表演講之前，摸了摸自己的口袋，然後聳了聳肩，詫異地對選民說：「哪位先生能給我一支菸嗎？」

競選結果揭曉之後，弟弟當選州長。在調查的回饋意見中，很多選民認為：如果自己能給一位偉大的政治家、一位未來的州長一支菸將會是一個意外的驚喜，一次莫大榮幸，有一種受寵若驚的感覺。

這就是弟弟當選州長的原因。當一位非同一般的人向一個普通人發出一個請求時，這個普通人將會感到這是多麼大的榮幸啊！即使在普通人之間，你若真誠地向對方發出請求，對方一定會覺得你對他很尊重，同時，也會認為你謙遜，值得他尊重。而他，一定會幫助、支持一個「比他弱」卻值得尊重的人。

二、第一時間看透對方

一個女人在決定是否嫁給一個男人的時候，取決於他們的第一次見面；一個面試官在決定是否錄用一個職員的時候，第一印象非常重要。第一眼和第一次，對人們來說有著重大的意義，但最好的結果就是，對方只看了第一眼，就做出一個你希望得到的決定。這代表你「偷」走了他的心。

摸準對方的心理，直擊要害

明明一肚子的委屈，爭辯時還會被對方說得啞口無言。同事的能力和長相和自己差不多，但能得到更多人的擁護和尊敬。這是為什麼？因為你缺乏一定的征服技巧，沒有抓住對方的心理要害。比如，富蘭克林會用讚美去征服別人：「我不會說任何人的不好，我只會說我所知道的任何人的好。事實證明，所有人都會拜倒在我的讚美之中。」不同的人心思不同，同一個人在不同的時刻也會有不同的心理變化，所以，說服一個人需要抓住對方此時此刻的心理，瞭解得越多，說服的可能性就越大。如戴爾·卡內基所說的：「不論推銷什麼，你首先要做的第一件事情就是盡可能地瞭解它。」

黃昏的江邊，很多青年男女在散步，熙來攘往的環境中透露著和諧與靜謐。有兩個中年人在吆喝著「擦皮鞋囉！擦皮鞋囉……」這時，走過一位年輕的先生，其中的一個青年人對他說：「先生，坐下來休息一會吧，我保證能把您的皮鞋擦得又光又亮。」但這位年輕的先生頭也不回地走了。這時，另一個中年人追了過去說：「先生，您是來約會的吧，約會之前把皮鞋擦得更亮一些吧。」這位年輕的先生停了下來，思考了幾秒鐘後同意了他的要求。

儘管第一個中年人禮貌熱情，並且附上了適當的推銷語言，但他並沒有獲得顧客的認可，這是因為他並沒有打動顧客的心思，或是並不考慮顧客此時的心情。顧客也許認為，黃昏時把皮鞋擦得多麼光亮似乎也沒有必要。而第二個中年人抓住了顧客要去約會的心理——在浪漫的時刻，每個人都想給心愛的人留下美好的印象，即使對方看不見，自己的內心也會產生一種愉快和自信，所以，第二個中年人成功了。

使出威脅的撒手鐧

適當的威脅有時也是一種說服技巧，這種方法會使對方產生一定的恐懼感，從而會做出相應的妥協，而你說服的目的也就達到了。

有個單位，全體員工曾經去一個度假村遊玩。大家遊玩了一天，晚上回到農家院後在一起聚餐，但是聚餐進行到一半時突然停電了，真是掃興，大家出來本來是為了放鬆心情的，結果卻落了這個結局。

於是，單位的領導就出來和農家院的服務人員協商，但是服務員推脫說：「水電工早已下班，恐怕要等到明天早上才能來電。現在只能給大家提供一些蠟燭。」這個說法令領導很不滿意，就要求見老闆，老闆來了以後又是同樣的解釋：「請大家體諒一下，這點小事大家就稍微忍耐一下吧，我們現在也實在是沒有辦法呀！」領導一聽認為這是店老闆在欺詐，並非沒有辦法，於是就說：「沒有電也可以，本來每個人的每天是一百五十元，現在必須降到一百元。」老闆一聽就一臉堆笑說：「這樣吧大哥，那我們儘量了聯繫一下水電工吧。」不一會水電工就來了，很快電就修好了。

這家農家樂的老闆其實就是典型的奸商，並沒有做到顧客利益至上，而這位領導的做法其實就是一種激將法。但是，要使善意的威脅百發百中，也要注意一些細節，否則會弄巧成拙：第一，態度要友善；第二，講清後果，說明道理；第三，威脅程度不能過分，要適度；第四，消除防範，以情感化。

投其所好

西方現代人際關係學教育的奠基人卡內基曾經說過這樣一段話：

「你在去釣魚的時候，會選擇什麼當魚餌？即使你自己喜歡吃乳酪，但將乳酪放在魚鉤上是不會釣起半條魚來的。所以，即使你很不情願，也不得不用魚喜歡吃的東西來做魚餌。」

是的，不管你認為乳酪是多麼可口，魚並不會贊同你的想法，不會上你的鉤。這就如同一個優秀的運動員在一位厭惡運動的作家面前誇誇其談運動是一件多麼有趣的事情，作家也很難會對此心動。

卡內基的這段話就說明了一個問題：在戰略戰術上要知己知彼才利於達到自身的目的。而要徹底地瞭解對方，或利用對方，重要的是站在他的立場上看問題，做到投其所好。如此，你和對方就會處於同一戰線，步伐協調，對方就會更容易贊同你的觀點。而有的人在說服別人時並不能做到這一點，儘管他的話語是多麼的動聽，觀點是多麼的有力量，並不能讓對方心服口服。這種只顧及自身感受，而不考慮對方感受的做法經常是徒勞的。

美國哲學家杜威也曾說：

「人們最迫切的願望，就是希望自己受到重視。無論是聲名顯赫的大人物，還是名不見經傳的普通人，每個人或多或少會有些值得驕傲、為之自豪的事情。在交際中，如果你能抓住對方的得意之處，投其所好，那麼對方就會因受到重視而對你儘快產生好感。」

在我們實際的交往中，不僅要事先瞭解一些對方的特殊癖好和性格特徵，還要隨時顧及對方的肢體語言和說話方式，這樣才能做到萬無一失。當對方對你的談話內容產生極大興趣時，你就會在不知不覺中讓他為你做某項事情。這也就是很多優秀的推銷員在和客戶談判時善用的技巧。推銷員並沒有直入主題，而是說一些不相干的話題，最終他們「相見恨晚、情投意合」，而推銷員就會適時地向顧客推銷自己的產品，顧客就會不自覺地認為這是一個不錯的產品。

激發對方的自尊心

很多人在情急之下都會運用激將法來激發對方的內在潛力，而也有很多人會在無意識間進入設下的激將法的圈套。所謂激將法就是一個人故意煽動對方不具備擔當某項重任的能力，或沒有信心完成某件事情。如此，就會激起對方一定要將此事做好的欲望，就會產生一種高於平常的動力。在很多情況下，激將法就是一種行之有效的說服方法。

激將法之所以具有很強的說服效應，是因為它激起了對方的自尊心，而希望受到別人的尊重是人們普遍具有的一種心理。激將法之所以能取得良好的效果，是因為對方為了維護自尊，在強大力量的驅使下完成了本來不可能的事情。福特汽車的創始人亨利．福特就曾說：「我最好的朋友是激發出我身上最好的東西的人。」即很多人更優秀的一面是在別人的激發下才能體現出來的。而巧妙地利用激將法來實現自己目的的人很多，歷史上類似的事情也屢見不鮮，拿破崙就是其中的一位。

有一次，拿破崙手下兩個曾經戰績顯赫的軍團在防禦敵人時被打得落花流水，結果軍隊士氣低落，士兵四處逃竄。面對慘狀，拿破崙沉默了很久後終於發話了：「集合，所有的人統統集合！」焦慮萬分中的拿破崙雙手抱胸，在隊伍面前踱來踱去，步伐越來越急促。所有的士兵都有些心驚肉跳。

「你們不能喪失自己的信心，難道我們就隨隨便便地丟掉自己的陣地嗎？我們之前奪回那些陣地付出了多麼大的代價，你們都想過沒有！」拿破崙兇猛地訓話。所有的士兵都低著頭，拿破崙繼續喝道，「參謀長，你去，把兩個軍團的軍旗上寫下一句話：我們不再屬於法蘭西軍人！」

此時，隊伍中一片譁然。很多士兵羞愧難當，但又咽不下這口氣。「我們要奪回陣地！」所有的士兵都信心飽滿地高呼。精明的拿破崙見狀也振臂高呼：「我們一定要奪回陣地，我們都是戰無不勝的法蘭西英雄！」

後來的戰爭狀況如拿破崙所願，這兩個軍團都驍勇善戰，屢戰屢勝。

在這個故事中，拿破崙就是抓住了民族榮譽感在士兵心中具有至高無上地位的心理，以正話反說的方式刺激了士兵的自尊心，從而激起了士兵們的戰鬥力，所以拿破崙如願以償。

用高尚的動機激勵對方

人本主義心理學家亞伯拉罕·馬斯洛曾說：「榮譽感和成就感是人的高層次的需要。」這一點也不錯，人人都崇尚高尚的道德和無上的榮譽，因為人人都希望自己對國家、集體、家鄉、家族帶來榮耀，這是人類普遍存在的一種道德意識。所以，用高尚的動機來激勵對方也是一種說服方法。在說服過程中，當賦予對方高尚的動機後，他就會為維護完美形象而接受改變，就會表現出一種仁慈、激進、善良的情緒。

一七九四年，年僅二十五歲的拿破崙將軍鼓勵戰士們說：「親愛的兄弟們，你們現在衣不蔽體、食不果腹，我將帶你們去一個富足的土地，那裡將有數不盡的珍饈美酒……」就是借著這樣的煽動，拿破崙的軍隊佔領了波蘭。之後，士兵們不在為食物和衣服犯愁，他們缺少的似乎是一種精神上的榮譽，於是，英明的拿破崙就用優美而富有激情的言辭對士兵們說：「偉大的士兵們，你們將會是時勢的創造者，將會成為你們家鄉的英雄，待你們打了勝仗榮歸故里，你的親人和鄰居將會對你讚不絕口。」

對於參加戰爭的人來說，目的無非兩個，一個是衣食冷暖的物質需求，一個是榮譽上的精神需求，當戰士們解決了物質需求後，他們渴望的就是精神上的食糧。所以，拿破崙就抓住了戰士們的心理動向，在不同的時機運用不同的策略，說服對方便是水到渠成的事情了。

有意暴露自己的缺點

縱使你是一位很偉大的人，若是面臨一個比自己優秀的人，總會產生或多或少的嫉妒和挫敗感，你就會不自覺地對對方產生一定的心理距離。這就是人性的一個弱點，這也恰恰是聰明人可以回避和利用的切入點。

怎麼辦呢？有意地去暴露自己的缺點，但不要讓對方發現你在耍什麼陰謀。就像英國的政治家賈斯特菲爾德說的那樣：「如果可以，就比別人更聰明，但不要告訴他們。」

當你面臨一個有強烈自卑心或警戒心理的人時，你很難去說服他。在對方心裡，此時你們之間有一個難以跨越的鴻溝，尤其是社會地位、經濟地位上的懸殊。你若是一味地按照自己的行為模式和思維去和對方交流，他的心裡就會越來越拘束，警惕性會越來越高。若是你能適當暴露一些自己的缺點，降低自己的身份，甚至有意地貶低自己，對方就會覺得：原來你們之間並沒有多大的差別，原來他是一位很隨和的人。這時也就會逐步消除對你的心理警戒。

假如你是一位大學教授，被邀請去給一些學生們做學術演講。但你發現所有的學生都正襟危坐，表情木然。這並非學生們在多麼認真地聽講，而是受到一種「形式主義」的約束不得已而為之。你若間歇性地插一些自己的經歷，如童年的荒唐事、青年戀愛的坎坷等，學生們就會認為：原來這位一本正經的教授也和自己一樣會有很多煩心事，那麼我將來也可能會成為一個知識淵博的教授。如此一來，無論你的演講無論多麼枯燥或者多麼學術，都會變得生動有趣。相反，有板有眼地高談闊論只會招致學生們的反感。

所以，適當地暴露自己的缺點並非一件壞事，而是一種心理戰術，一個聰明人運用的說服技巧。

用「消極面」誘導

當一個推銷員在把自己的產品介紹得天花亂墜，之後又適當地說出了一些產品的不足，這一定會讓顧客覺得他是一位很真誠的推銷員。至於產品的好壞，沒有任何一項東西是沒有瑕疵的，所以顧客還是會買下推銷員的產品。這恰恰是一個圈套，是推銷員高明的推銷技巧在施展魔力。

在一七八七年美國費城的憲法制定會議上，贊成派和反對派的抗衡導致會議陷入僵局。雙方的言論都很尖銳，甚至出現了人身攻擊。最終，這個混亂的局面被持贊成意見的班傑明・富蘭克林擺平了。

富蘭克林做了些什麼呢？

面對反對派強烈的攻擊，富蘭克林站起來，淡定地對反對派的代表說：「各位先生，說真心話，這個憲法我並非完全贊成。」此話一出，全場一片噓聲，富蘭克林究竟是在替誰說話呢？富蘭克林等了一會繼續說：「我和在座所有的反對者一樣，對這項憲法的很多法則並沒有信心，對憲法中的很多觀點還心存懷疑，但是，出於我們的國家目前所面臨的境況，我還是在矛盾中同意了這項憲法的決議。」頓時，富蘭克林的話讓所有反對者的情緒平息了下來，而且有的人還頻頻點頭。

之後，在接下來的繼續商討中，兩派的人都心平氣和地去討論一些有異議的法則。最終，雙方達成了共識，憲法通過。

富蘭克林作為一個贊成者，之所以能平息反對派的氣焰，是因為他客觀地評價了一下雙方的爭議，更以自己的真實想法來「替反對者說話」，所以，反對者不得不承認，富蘭克林並非一個頑固的傢伙，他的觀點值得大家信賴。

沒有一件事情是完美的，不要試圖用完美無缺的描述去讓對方贊成你，除非對方是一個傻瓜。事實上，經常把自己贊成的事情描述得完美無缺的傻瓜並不少見，這其實就是人性有時不夠誠懇的弱點在作怪。

三、說到點上的秘笈

如果你想釣到一條肥美的魚，就得像魚一樣思考，而不是始終站在漁夫的位置上。可以說，洞察對方的心理，真正地把握住對方的內心，說話說到點子上，獲得對方青睞的機會就會越來越多。當你對魚瞭解得越來越多，魚餌越來越適應魚的胃口，你就越來越會釣魚了。

因你而感動

情感是與人之間最堅固的堡壘，但也是最脆弱的要害。在人際交往中，恰到好處地運用情感也是一種非常好的交際法則，若是能讓對方感動，恐怕沒有說服不了的事情。

有一個美麗的寓言故事：

一個落魄的青年畫家愛上了一個富商的女兒，但這位千金小姐根本不理畫家，連看都不看他，最重要的原因就是這位畫家是一個跛子。

一天，畫家來到富商家的門前，目的是想問千金小姐一個問題，可等了一天一夜，千金小姐也沒出來。原來，僕人早已把畫家的消息告訴了千金小姐，千金小姐一大早就從後門溜了出去。直到第二天下午，千金小姐才從外面回來，她也早已把畫家的事忘到了九霄雲外，當她和僕人從正門進去時，被畫家攔住了：「尊敬的伊莎貝拉小姐，我從昨天早上等你到現在，請允許我向你問一個問題。」千金小姐的表情很不屑，只是瞟了畫家一眼。畫家問：「尊敬的伊莎貝拉小姐，你相信上帝的話嗎？」「相信，有什麼事你快說吧！」小姐急躁地說。畫家接著說：「我也相信上帝，上帝說每個男孩在出生之前已經指定好了將來要娶的女孩。當我還在媽媽的肚子裡時，上帝就告訴我，我將來會是一個英俊的紳士，不幸的是嫁給我的女孩會是一個跛子，我就祈求上帝：親愛的上帝，跛子對女人的一生來說是多麼悲慘的事情呀，請你把我的美貌賜予我的妻子，把跛子降臨在我的身上吧……」

這位千金小姐聽了畫家的一番話被深深地打動了，很快，她便成為了他的妻子。

這雖然是一個童話，但也是生活的縮影。畫家的話也許只是蠱惑那位千金小姐的胡話，它卻能打動了千金小姐的心。

給別人一個臺階下

人人都好要面子，甚至把面子看得比什麼都重要。從心理學上來看，面子恰恰是人的弱點，最容易受到攻擊。強勢的人會只顧自己的面子，而不給對方面子，或是先考慮自己的面子再考慮對方的面子，聰明的人則會用一種兩全其美的辦法，或是先給對方留足面子，然後再爭取自己的面子，最終達到自己的目的。

維米爾是一家服裝店的營業員。一天，一位女顧客拿來了之前在此買的一件衣服，以品質原因要求退貨，其實只是因為不喜歡那個款式。維米爾發現這件衣服已經穿過，而且有明顯的洗過的痕跡，但是女顧客堅決否認這件衣服洗過。聰明的維米爾並沒有為此去和女顧客爭辯，而是說：「這也許是一個誤會，我們店裡曾經就發生過這樣一件事，一位顧客把買回家的衣服隨便扔在了床上，而她的母親就把它當作了髒衣服一起放進了洗衣機。她後來來到我們店裡退貨，當時我們指出那件衣服洗過了，她也不相信……她回家後把這件事說給了媽媽，所以才發生了這樣一個小糾紛，她還親自來到我們店裡表示歉意。我想，我們是做服裝生意的，對此比較熟悉，你可以把它跟店裡別的衣服比一比。我想這衣服可能是你的家人洗過了，你卻不知道，這可能是個誤會。」女顧客聽後感覺無可辯駁，就說：「也許吧，可能是我的丈夫把它當作了髒衣服洗過了，我回去問一下吧。」說完就走了。

在這件事上，維米爾要是拿著衣服洗過的痕跡和女顧客一直糾纏的話可能就會造成一場不可避免的爭吵，但她先將自己的面子放在一旁，以一個委婉但極具說服力的故事說服了對方。

人們經常會因為一時的衝動而對對方以牙還牙，這樣只會使事態變得更嚴重。若是給對方一個臺階下，反而會使對方產生愧疚感，自動改正自己的錯誤，這時你已經達到了說服別人的地步。

強調雙方的共同之處

這似乎是個人人皆知的道理，即雙方相似性關係的催化劑。研究者發現，如果你試圖改變對方，你越是找出更多的相似性，你就越具有說服力。社會心理學家也認為，相似性是人際交往中的一個重要因素，比如年齡、性別、社會地位、家庭出身、興趣愛好、籍貫、人生觀的相似。在公司裡你可能對有的同事並不在意，但一天你們在另一個城市的大街上相遇，雙方就會覺得格外親熱，可能會在一起喝茶、吃飯，若是你又得知對方也喜歡集郵、打檯球，你可能會抱怨，自己原來忽視了這麼好的一個朋友。一個優秀的演講者也總是使自己的聲調、音量、節奏，甚至是身體姿勢、呼吸頻率等與聽眾保持一致。所以，加強彼此間溝通、增進感情的一個方式就是找出雙方之間的相似性。美國的一位著名作家就曾經發表過這樣的一個故事：

一個人因病終年躺在床上，一天晚上，一個小偷忽然跳進了屋子，小偷的手裡拿著槍對床上的人說：「不許動，舉起手來，快說你的金銀財寶和錢都藏在哪裡？」這時，躺在床上的人可憐巴巴地說：「我的風濕病很嚴重，手臂哪能舉起來呢！」小偷聽後一愣，說：「這麼巧，我也有風濕病，你這病多長時間了，你用的是什麼藥呢……」躺在床上的病人就說到了自己在用水楊酸鈉和各類激素藥，又抱怨病情並不見好。這時小偷就說：「你受騙了，水楊酸鈉是醫生用來騙錢的，這種藥吃了病情會毫無起色的。」

此時，兩個人已經開始討論風濕病的情況，二人越聊越投機，小偷還無意識地去給病人倒水，扶病人起床，一時間噓寒問暖，小偷還對病人說：「有什麼需要幫忙的你儘管說。」病人也很感慨地說：「我們真是有緣呀，來，你把那邊的酒拿過來，咱們喝兩杯。」小偷則說：「不如咱們到外面的酒館去喝吧，那樣會更痛快。」「我的手臂太疼了，根本穿不上衣服。」「這沒問題，我幫你。」之後，兩個人就出了門，這時病人又說：「等一等，我忘了帶錢。」「這不是問題朋友，今天我請客！」

這個故事說明的是只要找到雙方之間的相似點，即使是敵人有時也能轉化為朋友，更何況一般人之間。

拐彎抹角地說服

無論是在工作還是生活中，有時拐彎抹角的說話方式也是一種很巧妙的說服方法。這種暗示的方法會給對方留足迴旋的餘地，在很多情況下更有說服力和感染力。

王女士從事公交售票員這個職業已經有二十年了，多年來，就在這小小的公車上，她經歷了很多千奇百怪的事情。一日，在擠滿了乘客的公交停站後上來一位老先生，王女士習慣性地說：「有哪位乘客給門口的這位老先生讓個座？」也許是車上的人太多了，似乎所有坐著的乘客都沒聽見。王女士看了看幾個坐在窗邊的年輕人，提高了嗓門說：「老先生，您往裡邊來，靠窗的年輕人要給您讓座。」王女士說後，老先生就往窗邊挪了幾步，一時間幾個年輕人都不約而同地站了起來讓座。老先生坐下之後，抬起頭說：「謝謝你了，小夥子。」年輕人的臉一下子紅了。

在這件事上，王女士既為老先生爭取了座位，又沒有傷害年輕人的面子，反倒給他留下一個深刻的印象。如果王女士用一種命令或直白的口吻說話，可能會導致一場舌戰。王女士拐彎抹角的說話方式表面上很柔和，其實用的是外柔內剛的戰術，最終讓年輕人自己不得不讓出座位來，儘管非心甘情願的，但又不得不那樣做。

抓住對方的動機

在生活中，人們表現出來的行為都有一定的動機，它是人們對某種目標的渴求的心理表現。這裡也可以得出的結論是，說服別人前，摸准了對方的動機也就抓住了他的把柄。

人本主義心理學家亞伯拉罕・馬斯洛把人的動機想像成了金字塔的層次結構，最底層：食物、睡眠、水，這是基本的生存需求；第二層：對安全的需求；第三層：歸屬和愛，這是社會性的需求；第四層：自尊和得到他人的尊重；頂層：自我價值的實現和超越。馬斯洛的理論很簡單，人在實現更高一層的目標時，必須完成和滿足當前層面上的需求，如你在饑寒交迫的情況下不會去渴望聽一場高端的音樂會，得不到你也不會為此擔心和憂慮。

對此不同的分析方法還有，美國心理學家弗雷德里克·赫茨伯格把人的需要分成兩個大的層次——雙因素理論：一、保健因素層次，包括工資待遇、工作條件、人際關係、地位、安全等；二、激勵因素層次，主要是成長、成就條件、工作的挑戰性、工作的成就感。赫茨伯格認為，當只是保健因素處理得不好時，人們會對工作產生不滿的情緒，處理得好則可以消除。保健因素對一個人的工作職能起到積極的作用，而沒有激勵作用，但是，當激勵因素得到滿足時，就會產生滿意情緒，即使處理得不好也不會產生不滿情緒，而是「沒有滿意情緒」。

以上的兩種關於動機的分析，不論是哪一種，都有一定的合理性，而讓我們從中受益的是要認清對方的動機，從對方的動機中摸清他的心理狀態，這樣就能更好地說服對方。

激發對方的好感

人人都喜歡那些欣賞自己的人，在人際關係中，你就可以利用人的這一特點來說服他。究竟要怎麼做呢？發現雙方真正的相似之處，並給予對方真正的讚美。

多位心理學家研究發現，增進雙方的情感，讓對方對你產生信服最重要的兩個因素是相似性和讚美。心理學家艾倫．波士德曾經根據保險公司記錄的保險人的資料得出：如果推銷員與潛在客戶之間的年齡、宗教、政治觀點、專業等相似時，推銷員成功推銷的可能性會很大。而對於讚美來說，心理學家也發現：當一個人聽到讚美之詞時，他的心裡就會對讚美者產生好感，即使讚美不是那麼貼切和優美，也會產生適度的好感。

更為驚奇的是，從艾倫．波士德與伊萊恩．哈特菲德．沃斯特的研究中發現：一個人聽到對方對他的人格、表現給予積極評價時，他會不自覺地服從對方的觀點或是願意為對方做一些事情。

以上的觀點說明什麼？儘管人與人的性格不同，但總會在某些方面和對方是相吻合的，而雙方之間重合的特徵就是說服對方的切入點。同時，你還可以適時地讚美對方，讓對方對你產生好感，那麼，說服對方就是一件輕而易舉的事情了。

互惠原理

對方會在毫無所獲的情況下為你付出嗎？超市里的某些商品本來無人問津，當附帶一些小禮品後卻被搶購一空；當你收到一份生日禮物後，你一定會記住在對方生日時也要送上一份禮物，這是一種什麼現象？互惠原理，即以同樣的方式給予回報，尤其是當你接受別人幫助或恩惠時，就會情不自禁地想去為對方做些什麼，以此去回報他。

事實上，互惠原理是一種「以少勝多」的原理，即你得到的往往會比付出的要多。在現代社會，互惠原則不僅用在人際關係上，更多的會被商家利用到商品銷售或別的商業行為上，或是一些募捐活動上。

多年來，美國殘疾退伍軍人協會只靠一封募款信就獲得了高達18%的捐款回覆率。後來，該協會改進了辦法，他們隨募款信附送一份小禮物，這之後取得的效果更是出人意料，竟然達到35%的捐款率。其實這個禮物非常的簡單，僅僅是一套個性化的地址標籤，而捐款人收到這些禮物後，下意識地就會為這個協會捐一些錢。

互惠原理其實在生活和工作中也很普遍，並且實用，你的一個微笑說不定會贏得對方的一些物質回報，或是在某個時刻得到對方的支援和援助。每個人都不願意在任何方面無緣無故欠下別人東西或者人情，所以你要先讓別人信服你，服從你，你就要在某些方面先入為主。

先讓他說，再讓他做

每個人潛在的心理中都會對和自己有關的事情有一種參與意識，並且有很強的「想瞭解得更多」的欲望。如果某人對某件事情有一定的瞭解，做出了一定的判斷並達成認可，他就會有一種更深的求知欲望，並按照自己的想法付諸行動。如果你能抓住對方的這一心理弱點，就會讓對方服從你、支持你。

事實上，在說服過程中，利用言行一致這一人性特徵前，你要先用某種行為讓對方做出積極、公開和自願的承諾，之後再讓其兌現自己的承諾，比如簽上一份合同，在公共場合下表態等。

以色列的一位著名的心理學家在《個性與社會心理學期刊》上發表過一個實驗研究：研究者倡議在社區內設一個專門為殘疾人提供鍛鍊身體的健體中心，在徵求社區居民建議的時候，幾乎所有的人都同意這項慈善活動。不過，研究者只是挑選了一部分人對自己的承諾寫一個書面簽名。一段時間後，研究者再次來到這個社區，倡議大家為此項慈善活動捐款，但是結果發現，凡是曾經做過書面簽名的居民的捐款積極性和數量遠遠高於沒有書面簽名的居民，做過書面簽名的居民中的92%都參加了捐款活動。

其實，這項活動是研究者在做一次心理調查的研究，也說明當一個人對自己的觀點和想法做出承諾時，他會對自己的行為負責到底，相反，則不一定。我們從中得到的啟發就是：當你要在某事上說服你的同事或客戶時，不必一次到位，這樣對方可能會不太容易接受，你需要做的是讓對方做出不可更改的承諾，然後再實施下一步的策略。即使你的說服包含著很強的命令，也不要將命令的口氣彰顯得那麼明顯。

十八世紀偉大的詩人亞歷山大．波普曾經就告訴我們：「教導他人時必須看起來不是在教導他，而是把他不知道的事情看做他忘記的事情。」當然，並非對方做出的每一個承諾都會兌現，研究證明，承諾本身必須具備積極、公開與自願三個特徵，我們要視具體情況而定。

讚美的高手，就是說服的高手

人人都有虛榮心，人得到滿足就會產生優越感，而滿足優越感最好的辦法是得到讚賞。如此，對方的警惕性就會減小，甚至是消失。這並非一個多麼偉大的發現，而是對人類本性的總結。美國本土的第一位哲學家和心理學家威廉．詹姆斯曾說：「人性的第一原則就是渴望得到讚賞。」所以，說服別人尤其是在改變一個人而又不傷感情、不引起憎恨的情況下，最好的辦法就是滿足對方的渴望，用你最美妙的讚美之詞去說服對方。

有位心理學家說：「用讚賞的方法說服對方，就如同牙醫給病人使用了麻醉劑，儘管痛苦和恐怖仍然存在，但病人絲毫感受不到。」你的讚美之辭會使對方從平靜的情緒轉向積極的情緒，甚至是從消極轉向積極，這就是說服對方的橋樑。

英國偉大的物理學家、化學家法拉第比同樣偉大的化學家大衛小一輩，而他對大衛崇拜有加，產生了結識這位偉大人物的念頭。經過一番思考之後，法拉第就給大衛寫了一封信：「偉大的大衛先生，我很榮幸聆聽了您的演講，它簡直太好了，我從來都沒有如此受到啟發，我太崇拜您了，同迷戀偉大的化學一樣，我想拜您為師……」大衛收到信之後，做出了約見法拉第的決定。恰恰是這一決定，註定了兩位偉大的人之後的合作，也造就了法拉第成為了近代電磁學的奠基人。法拉第在晚年每每回憶一生的時候，總會發出感慨：「是偉大的大衛把我帶進了科學殿堂的大門。」

試想一下，法拉第在信件中若沒有熱情的讚美之詞，可能就不會有兩個人的結識，也許就不會成就一個偉大的物理學家、化學家法拉第。

讚美的高手就是說服的高手。留心別人的優點，不要礙於面子和自尊，當你給予別人讚美時就是在收穫一種面子，當你說服了對方時，就是贏得了一個最大的自尊。

四、掌控的真相

如果一個雞蛋的殼從外面裂開來，它的生命就結束了。如果一個雞蛋的殼從內部裂開來，這是新生命的誕生。真正的掌控力應該也是如此。它是一種由內而外的力量，讓你完全掌控自己的生活，掌控我們的工作、生活、家庭和健康。

設身處地地為對方著想

社會關係學大師戴爾·卡內基曾說：「在這個世界上，影響他人的唯一方法就是談論他們想要的，並且告訴他們如何得到。」難道不是這樣的嗎？

對方為什麼會反對你？最重要的原因是因為他的利益受到了傷害，而站在對方的立場上，設身處地地替對方考慮就是一個良好的說服方法。當你換位思考時，就會清楚地瞭解對方的心理動向和內心需求，應對對方時就能做到有的放矢。

卡內基曾經租用了一家飯店的禮堂用來上課。一次，他突然接到飯店的通知，禮堂的租金要漲價，而且漲三倍，否則禮堂將會用來舉行舞會。這個消息令卡內基很頭疼，於是，就前去和飯店的經理交涉。卡內基見到經理後說：「我剛剛接到了您要漲價的通知，這實在讓我感到不可思議，這樣的租金也不太能接受。但是，這也並不能怪你，為飯店謀取更大的利益是您的職責，如果我是飯店的經理，也許也會這樣做的。」卡內基停頓了一下，繼續說：「您的高昂的租金實在令我吃不消。不過經理，我覺得您這樣做也不太妥當。禮堂可以用來舉行舞會，但是您為飯店的長遠利益考慮過嗎？您這樣做，就會攆走成千上萬有文化和交際圈的中層管理人員，而他們經常來這裡聽我講課，這是你花很多錢也買不到的流動的廣告呀！這將會為飯店帶來多大的經濟效益啊？！」

經理被卡內基說得啞口無言，頻頻點頭，最終還是收回了把禮堂用來舉辦舞會的決定，而卡內基的房租也按照原價收取。

卡內基的確是一位人際關係學大師，在自己的利益受到傷害時，他並沒有去和對手進行正面的交鋒，而是非同尋常地站在對手的立場上算了一筆賬，最終讓經理覺得，卡內基也會從中受益，但自己才是最大的贏家，為什麼不成全如此兩全其美的事情呢？

事實上就是這樣的，一件事情的好壞與否並非不可改變。有的人之所以失敗是因為沒有用換位思考的模式去權衡一下雙方的利益得失，只是一味地關注自己的利益，這樣，雙方就會處於一種對立狀態，誰服誰則無從談起了。

一舉兩得的幽默

幽默的魅力不言而喻，它是一個人的智慧和能力的體現，在這些背後，它恰恰是贏得尊重和說服對方的技巧。俄國批判現實主義作家契訶夫說：「不懂得開玩笑的人是沒有希望的人，縱使他額高七寸、聰明絕頂，也算不上一個真正有智慧的人。」這的確是一個事實。

為什麼卓別林的舉手投足都扣人心弦、令人捧腹，這並非簡簡單單的滑稽，而是這些動作充滿了啟人心智的哲理，能讓人發自內心地笑。同樣，一個能讓人發自肺腑覺得幽默的言行就是一種最有力的說服技巧，即使你處於對立的立場，也會讓對方從心底裡尊敬你，以致忽視、原諒你的爭議。

有一天，英王國王喬治三世到郊區打獵。中午時分，他覺得有點餓，於是來到了一家小飯館後點了兩個雞蛋。喬治三世吃完後要結帳，店主說：「國王大人，您一共消費兩英鎊。」喬治三世一聽大怒：「我只吃了兩個雞蛋，怎麼就要兩英鎊呢，難道雞蛋在你們這裡很稀罕嗎？」這時，店主溫和地對喬治三世說：「國王大人，雞蛋在我們這裡也並不稀罕，只有國王您才是稀客，這雞蛋要是一般人吃了也就不值錢，但是您是國王，所以雞蛋的價格應該與您國王的身份相匹配呀！」喬治三世聽後哈哈大笑：「你可真是會做生意，有這麼一個利索的嘴皮子！」說完後，喬治三世爽快地付了賬。

在這個故事中，店主巧妙地運用了幽默的語言，不僅沒有得罪喬治三世，還滿足了自己的利益。這就是幽默在說服技巧中的力量。不過，你也應該注意，在發揮幽默技巧時，不要說「我給你講一個笑話、我今天聽說了一個非常有趣的笑話、這個笑話實在是太逗了」之類的開場白，這樣的話不僅會降低聽眾的期望值，還是在降低你的說服力度。

拿出你最真心的微笑

一位心理學專家曾經進行過一項大型實驗：

一百位試驗者站在車水馬龍的街頭上面對形形色色的路人，索要千奇百怪的禮物。心理學教授告訴大家索要禮物時不要害羞，要大膽地使出自己的力量，當然可以使用一定的語言，不然索要禮物的實驗是無法實施的。

這並非是一件容易的事，有些人甚至把它當成「無意義傻笑」的實驗，所以實驗一開始就有試驗者發出抵抗情緒。

實驗結束後，最終的奪冠者是三十歲的麗娜。麗娜在短短的十分鐘內一共贏得了十位路人的禮物，有一朵玫瑰花，一個錢包，甚至是幾枚硬幣。

你不要認為她是憑著美貌來贏得禮物的，麗娜是一個貌不出眾的姑娘，她曾經還為此而自卑。

「親愛的麗娜，你是如何贏得別人的禮物呢？」利普斯教授好奇地問。「噢，我對他們微笑，發自我的內心，我並不希望得到多麼珍貴的禮物，我只想通過真心微笑來贏得對方的微笑，就是這樣的，我沒有太多的想法。」

從這個實驗中，心理學教授就得出了一個結論：每個人都擁有說服別人的能力，相貌的好壞或是別的原因並不能起決定性的作用，只要你真誠地向對方發出微笑，他就能感受到你的美麗。麗娜之所以成功地說服了行人，就在於她向行人發出了積極、熱情、開朗、真誠的微笑。

製造共同的敵人

在第二次世界大戰期間，蘇、美、英等國家的意識形態並不同，但他們攜手並肩組成了一股強大的勢力，最終取得了戰爭的勝利。原因很簡單，因為他們有一個共同的敵人——法西斯。這就是共同敵人效應，它所激發出來的力量高於個體力量相加的總和。

共同敵人效應也是在告訴我們，在說服對方過程中，若是能製造出一個雙方之間的共同敵人，就能很容易借助對方的力量來達到自己的目的。事實上，在這個說服的過程中，其實是將對方的警惕和力量轉嫁到第三者的身上。這樣的方法尤其適合於兩個並不合作，但又不對立的個體，當雙方都面臨強大的對手時最容易發揮出驚人的效果。這種行為其實是人類的一種共同心理。

一位心理學專家曾經做過這樣一個實驗：把試驗者分成若干個三人小組，然後讓他們參加打球遊戲比賽，比賽規則是淘汰到最後的一人獲勝。在開始的比賽中，每個小組都會竭力對抗其他小組，當比賽只剩下一個小組時，這三個人就會進行一次內部的鬥爭。如果有一個人的成績遙遙領先，其餘的兩個人就會不自覺地聯合起來對付這個暫時獲勝者，直到比賽的結束。

這種心理是人的一種常態，在實際生活中無處不在，很多人的身上都發生過。譬如，同事A與同事B關係不和時，而C恰恰需要利用同事A時，就會不自覺地在A面前說B的壞話，目的就是讓同事A認識到同事B是他們目前共同的敵人，同事A也就會不自覺地支持和贊成C。松下電器的創始人松下幸之助曾說：「最成功的統禦管理是讓人樂於拼命而無怨無悔，而實現這一切靠的不是科層制，也不是強制，而是取得對方的信任。」是的，製造共同敵人效應的方法就是取得對方信任，這樣才會說服對方，最終製造出一種強大的力量。

多拿「我們」說話

美國的第十六任總統亞伯拉罕·林肯曾說：「如果你想勸說一個人信任和服從你的立場，首先要讓他相信，你是他忠實的朋友。」事實就是這樣，相對陌生人來說，你會更相信朋友的話。對於朋友，你們會有很多的相似之處，你說話也從來都是「我們的」，而不是單純的「你的」或「我的」。否則，一句話就會拉開雙方的距離，會讓你們之間產生出一道清晰的界限。

試想一下，你對一個並不熟悉的人經常說「我們」「我們的」「咱們」之類的字眼時，對方一定會不自覺地和你拉近距離，會下意識地感覺到你們站在同一個立場，是一個「命運共同體」。而這一招就是一種有效的說服方式，是一些演說家和政治家經常運用的手段，即把自己融於聽眾的語境之中，讓聽眾接納自己的觀點，漸漸地，聽眾就會成為說服者。

美國的第三十七位總統尼克森曾經就美國史上最大的一筆聯邦預算發表演說時，如此真情呼叫國民：「同胞們，偉大的政府掌握在我們大家的手中，利用我們大家的錢來建立國家的時代已經來到了。」

美國的一位政客在發表電視演講時說：「我們要趁早把牛肉自由化，使大家都能吃到廉價的牛肉，所以，我們必須行使我們共同的權利，以達到這一目的。」

尼克森總統的目的很明顯，就是在誘導民心，讓大家心裡產生一種「這些錢是我們大家」的感覺。結果，尼克森獲得了成功。那位政客的話會讓聽眾感覺到這是我們大家共同的目標，而並非某一個人的目標，這樣，大家也就會為之付出或做出無怨無悔的損失。相反，即使你說得天花亂墜、頭頭是道，對於聽眾來說，你只是在為你自己個人利益表演，對你的話就難以信服，甚至產生反感。所以，多拿「我們」來發表你的演講就是一種恰當的說服方式。

凡勃倫效應

有一家商場的玉器櫃檯中擺放著兩對一模一樣的鐲子，但一副標價八百元，一副標價一千元。營業員小姐看到後很是不解，就問店長這是怎麼回事，店長只是淡淡地說：「因為這些鐲子的銷售情況不是太好。」

櫃檯前來了兩位少婦，她們分別拿著八百元和一千元的鐲子細看。其中拿著一千元鐲子的少婦對營業員說：「這副鐲子我買了。」「你看這副鐲子也不錯呀，兩副不差上下，才八百元。」另外一個少婦說。「不一樣，這副鐲子的手感和色澤要好一些。」少婦付完賬後就離開了。

「不識貨，兩副鐲子本來就是一樣的，可就是有人喜歡買貴的，真是不可思議。」店長看著顧客，不屑地對營業員說，「把剩下的這副標價換成一千，把這種鐲子再拿出來一副，標價八百，有的是人要。」

價格越高反倒越能吸引顧客，這就是美國著名經濟學者托斯丹．邦德．凡勃倫發現的現象，這種規律就被稱為凡勃倫效應。這種規律在生活中比比皆是，同樣的皮鞋，普通鞋店只賣不到百元，大商場裡卻標出數百元，但很多人還是很樂意買大商場裡的皮鞋，而對普通商店裡的皮鞋產生種種懷疑。

為什麼會出現這種現象呢？這其實源於人性的一個弱點：炫耀。商家也正是抓住了消費者的這一心理弱點，有意設下圈套，所以就會不費吹灰之力說服顧客買下。

在商品中，凡勃倫將其分為非炫耀性商品和炫耀性商品。第一種只是滿足人們的物質需求，而第二種則除了物質功效外，還能給顧客帶來虛榮心理——擁有某種商品會獲得別人的尊敬和仰慕，自身會有一種滿足感。這種炫耀的心理一旦被激起，就會對價格更高的商品感興趣，價格越貴，興趣越濃，反之則索然無味。這種現象在新興的國家和暴富人的身上最容易產生。

製造一種「同調」的假象

美國的著名心理學家羅森塔爾曾說：「如果你給其他的事物傳遞一種不良的暗示後，這件事情往往會真的變得很糟糕；如果你始終給它們一種良性的暗示，事情會出現轉機，或是變得更出色。」羅森塔爾的話即說明，事情的發展或是我們的主見往往會受到周圍環境的影響而隨之改變，即使是錯的，這種趨勢也不會停止。

如此結論並非無稽之談，美國的心理學家米爾格拉姆曾針對此現象做了一個實驗：他雇用了一些試驗者，然後告訴他們在紐約的大馬路上朝著一幢大廈往上看。結果發現，大街上抬頭看大廈的路人越來越多。一開始僅僅有幾個路人像試驗者那樣仰頭看大廈，隨著人數的增多，越來越多的人都參與了進來。以致後來造成了一大片的人都向上看大廈，現場十分壯觀。

米爾格拉姆的研究就向我們闡述了一個現象，很多人都有「希望與別人採取同樣行動」或「希望與別人保持一致」的潛在心理。這種行為在心理學上被稱之為「同調行為」。而把握好這種「同調行為」的心理，就能很容易地說服對方。因為當你在給對方設定一定的情境之後，對方受到這類刺激後就很容易喪失主見，從而掉入盲目附和的陷阱，這時你也就達到了目的。

這樣的案例在我們的生活中屢見不鮮，尤其是出現在一些商業行為中，比如，一家超級市場舉行商品銷售時，商家會雇用一批虛假的消費者簇擁在一起購買，而真正的消費者看到這種情況後也會不自覺地上前圍觀。事實上，這些商品的價格並不便宜，甚至高於一般的市場價，但很多人在看到別人都購買後也會不自覺得購買，心裡會產生一種「別人都買了，一定錯不了，買吧，就是買錯了，大不了大家都上當了，也不是自己一個人」的心理。

所以，在適時的情況下利用好了「同調心理」，說服對方也就是輕而易舉的事情。

用對比激發對方的動力

對比產生差距，對比產生懸殊，這是人的一種本性。一個人會在比較中找出差距，會在比較中產生不同的情緒……而我們在交流中，有時你費了半天口舌也無法將自己的意思表述清晰，或難以打動對方，這其實是沒有把握好說服的方法。

有時，當我們正面和對方進行交流時難以贏得對方的贊同，甚至會招來反感，但是，我們變化一種說話模式後則會產生戲劇性的變化。這個道理正如十九世紀英國浪漫主義詩人拜倫曾說的：「曲線的優點就是，它比直線更有利於接觸到更多的機遇。」古往今來，很多聰明的人就很善於運用這一種說服技巧。

在第二次世界大戰期間，著名物理學家費米等人來到美國，他們帶來了鈾裂變的資訊，但還帶來了一個令人髮指的消息——希特勒已經在秘密研製威力極大的原子彈。這對美國無疑是一個巨大的威脅。

於是，時任總統私人顧問的薩克斯就勸說總統羅斯福：「我們國家應該重視原子彈的研究，應該搶先在德國人之前研製出原子彈。」結果並非薩克斯所願，總統聽了薩克斯的話，又讀了科學家們寫的長篇累牘的關於發現核裂變的報告，之後十分冷淡地說：「你們說的這件事情很有趣，但要政府參與此事，我看為時過早了點。」羅斯福的拒絕令薩克斯很頭痛。

第二天早上，羅斯福和薩克斯一起用早餐，他們剛坐下，羅斯福就說：「你有什麼想法還是在用餐之前先說吧。」羅斯福的話停頓了一下又說「不過我們今天不談原子彈的事情，你明白嗎？」這讓原本想說原子彈計畫的薩克斯打消了想法，他沉思了一會說：「好吧，總統先生，既然您不感興趣物理學，那我們隨便談點歷史故事吧。」「當然可以，你隨便說。」羅斯福的口氣顯得輕鬆多了。「英法戰爭時期，偉大的拿破崙在歐洲大陸上戰無不勝，不過，他在海戰中的成績卻不盡如人意。有一次，一位美國人建議拿破崙把戰艦上的桅杆砍斷，裝上蒸汽機，把木板換成鋼板，這樣就會更迅速、更威猛地拿下英倫三島。可惜的是，拿破崙卻認為，戰艦如果沒有了風帆就不能行駛，木板換成鋼板戰艦就會沉沒，這個美國人的想法簡直是荒唐之極。」薩克斯的話停頓了一下，用深沉的眼光注視著羅斯福：「後來，歷史學家在評定這個歷史事件時認為，如果拿破崙採納了那位美國人的建議，那麼，十九世紀的歷史將會重寫。」薩克斯的話講完了，他不再發言。此時，羅斯福總統突然取出了一瓶拿破崙時代的法國白蘭地，給薩克斯斟滿後說：「你勝利了！」

同樣的一件事，薩克斯運用了類比的方法，也就是採用了曲線性質的說服技巧，不僅讓羅斯福採納了他的建議，還讓羅斯福為此深深感動。這就是一種說話的力量。

圈套中的選擇法

美國現實主義文學家馬克．吐溫曾說：「同樣是說話，同樣是闡述自己的思想，有人惹來了一身麻煩，有人卻贏得了陣陣掌聲，這就是表達的哲學。」的確是這樣的，表達是一種能力，是一種技巧，是一門哲學。

「先生，您要一個雞蛋還是兩個雞蛋？」服務生對顧客說。

相信很多人都熟知這個小技巧，而如此的說話方式也不得不令人佩服，在服務生「二選一」的發問形式中，顧客不得不從中做出選擇，而不能隨意發揮。這就是一種強有力的說服技巧——選擇法。

我們可以來分析這樣一種語境：

當你在想約某人見面時，但不清楚對方是否願意，而你和對方取得聯繫後，對方卻說：「我現在的日程很滿，你最好下周再來電話。」

對方的回答是深藏玄機的，這也許就是一句托詞，是在委婉拒絕。即使對方真的希望你下周再和他聯繫，但是，下周有七天的時間，你能保證對方不再推託嗎？而對於你而言，如何回答對於約會成功起到關鍵性的作用。

你可以說：「哦，那也很不錯，我離你的辦公室並不遠，我們見面會很方便的，哪一天都可以，星期四？星期五？這個你決定。」

在你這樣的回答中，你就是要求對方必須在你提供的時間內做出選擇。表面上你很尊重他，事實上你卻縮小了選擇的範圍，進行的是一種隱形的強迫方式。而對方在此時會礙於面子，不得不從你提供的選項中做出選擇。

對於這一現象，有關心理學家對此進行過研究，得出的結果是：任何人在面臨選擇A還是B時，都會暫時忘記除了A和B之外還會有其他選擇，會產生一種必對「兩者選其一」的心理錯覺。這其實就是人性的一個弱點，那些聰明的人總是善於在生意上、交際中運用這一方法，在不知不覺中就說服了對方。

如果馬雲能成功，80%的年輕人都能成功

「如果馬雲能成功，80%的年輕人都能成功。」這是阿里巴巴集團主席馬雲最具影響力的勵志名言。馬雲在當代年輕人的心中就是一位具有創業精神的領袖，他的創業精神和故事吸引了很多年輕人。這不僅能說明他是一位成功的商人，也說明他是一個優秀的榜樣，他的成功源於自身的努力，也贏在說服力。

馬雲是用什麼方法打動了數以萬計的年輕人呢？放低門檻的心態、高要求的用戶體驗、年輕化的思維理念。

作為從事電子商務生意的楷模，馬雲在多種場合都曾說過他並不懂電腦，他的秘訣就是勤奮，年輕人若都能如此的話，也一定能成功。他說自己在互聯網和電腦面前，幾乎只會瀏覽網頁和發 E-mail，甚至連在網上看電影都沒太弄明白。這就是一位電子商務精英的專業技能，但這並不妨礙他的成功，相反他非常注重用戶的體驗，在這一點上，他要求很苛刻。他常常說，技術是為人服務的，而不能讓人為技術服務。再好的技術人人不會用那也是白費工夫。他

還說，工程師做出來的新程式他一定要先試試，如果他不會用，這個程式就通不過審核，他認為80%的人和他一樣愚蠢，也一定不會用。

所以，阿里巴巴之所以那麼受歡迎，可能就源於此。

結語／掌控，不僅僅是一場言辭的博弈

靠說話能掌控整個局勢？是的，沒有言辭的表達，很多掌控技巧都難以表達。說服僅僅是培養人們如何去說話嗎？一定不是的，在諸多情況下，言辭只是傳輸說服技巧的媒介，更何況，有些說服技巧也無需言辭發揮作用。所以，掌控不僅僅是一場言辭的博弈。難道不是嗎？

二十世紀四〇年代末，美國心理學家、市場心理學的先驅歐尼斯特．迪希特也是一位掌控技巧上的精英，不同於戈培爾的是，他進軍的是經濟界。迪希特是第一個也是最著名的一個利用佛洛德心理學在廣告上大做文章的人。他曾經不無誇張地說：「成功的廣告機構可以『操縱人類的動機和欲望，使其形成對物品的需要，甚至是公眾一度並不清楚，也許根本沒有想到去購買的需要』」。

在這句話中，迪希特就是利用廣告的形式來掌控並洗腦一個個顧客，他的廣告之所以如此風靡，則是因為廣告的內容正好與顧客的心理需求和傾向相吻合。所以說，掌控整個局勢還是一場

心理戰爭，哪一個廣告贏得了顧客的心理，迎合了顧客的需求，那麼，它就是成功的。

迪希特策劃的第一個成功的廣告就是象牙牌香皂。迪希特曾回憶說，在這個廣告的策劃過程中，他告訴廣告公司的設計人員：「洗澡清理的不僅僅是身上的污垢，還是一種心理解放的儀式，因為人是有罪惡感的。」最終，迪希特通過和顧客的談話以及問卷調查的證據說服廣告公司的經理採用了他的廣告詞：「用象牙牌香皂，洗掉你的煩惱，一切重新開始。」結果可想而知，這家公司大賺一把。

很顯然，迪希特就是抓住了顧客的心理和口味，所以在廣告中為他們打開了一種「釋放」和「消除」心靈負擔的管道。迪希特的成就還不僅僅局限於此。二十世紀五〇年代初期，美國香菸廣告品質粗糙、形式單一，而且要麼強調單純的享受或強調對身體健康的益處。迪希特就從中發現了商機，因為很多美國人都是清教徒，在他們的心中，無論使用任何自我陶醉的產品，內心都會產生一種罪惡感。迪希特就對廣告設計人員說：「當我們在銷售這種令人陶醉的香菸時，必須以一種藉口或方式來平息顧客心中的罪惡感，讓他認為自己的陶醉理所當然。」之後，迪希特做了一系列的調查，結果發現，人們之所以抽菸的理由無非是工作壓力大、為了消磨時光、傳達男子漢氣概、更容易和人溝通等原因。所以，在廣告中，他們所表現的畫面就是那些處在壓力下的，或在公司裡或在遠方牧場上的人物。迪希特又一次獲得了成功。他成功的廣告還有很多，如後來駱駝牌香菸的廣告，其中傳達出的就是抽菸是一種時尚，是一種成熟標誌，是一種風度象徵。

總之，在迪希特的說服技巧中，就是通過迎合顧客心理，利用一語中的的廣告語言敲開顧客的心扉，此外，他還利用廣告上人物的著裝、氣質、動作等一系列細節來說服顧客。

所以，這裡要告訴讀者的是，當你要掌控他人時，首先是要洞察對方當下的心理動機，然後盡可能地發動一切因素，那麼，你就會在不為人知的情況下影響、掌控和改變對方。

What's Look
反洗腦：自願為奴的真相

國家圖書館出版品預行編目（CIP）資料

反洗腦：自願為奴的真相 / 艾瑞克・李著. -- 初版
. -- 新北市：高談文化, 2019.10
面； 公分. -- (What's look)

ISBN 978-957-0443-64-6(平裝)
1.洗腦

541.825 108015140

作　　者：艾瑞克・李
封面設計：曹雲淇
總 編 輯：許汝紘
編　　輯：孫中文
美術編輯：曹雲淇
總　　監：黃可家
發　　行：許麗雪
出版單位：九韵出版
發行公司：高談文化出版事業有限公司
地　　址：新北市汐止區新台五路一段99號15樓之5
電　　話：+886-2-2697-1391
傳　　真：+886-2-3393-0564
官方網站：www.cultuspeak.com.tw
客服信箱：service@cultuspeak.com
投稿信箱：news@cultuspeak.com

印　　刷：上海印刷股份有限公司
總 經 銷：聯合發行股份有限公司
香港經銷商：香港聯合書刊物流有限公司

2019 年10月初版
定價：新台幣 380 元

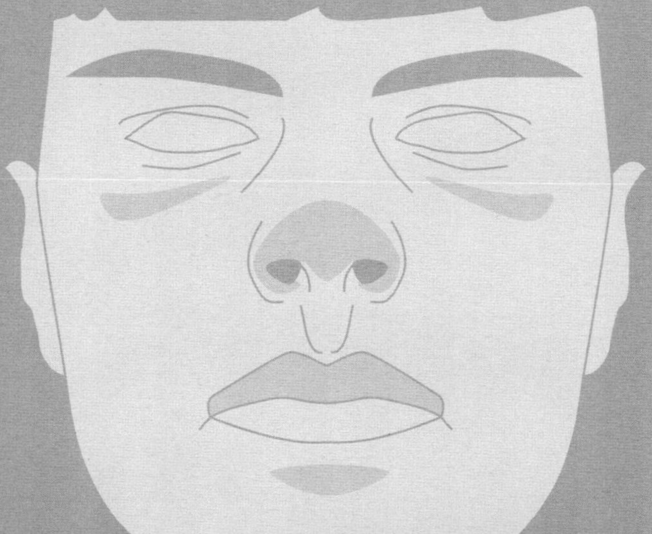

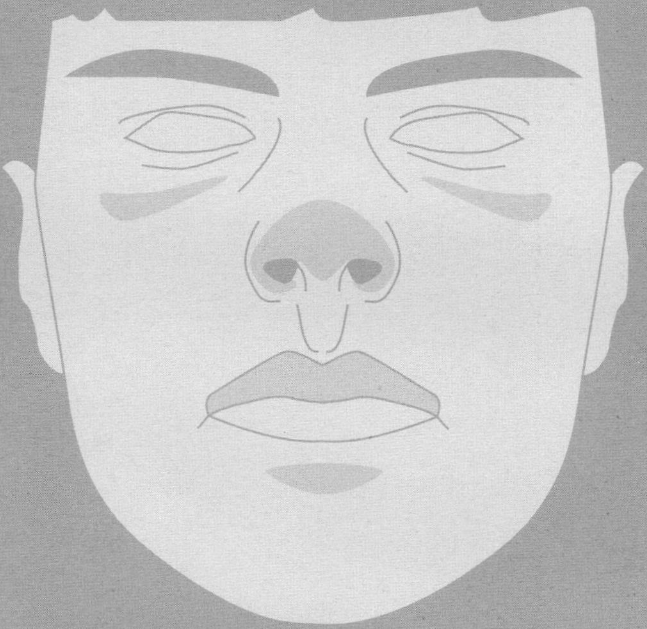